لُهاثُ المُشتَهَى

MADNESS OF DESIRE

أسعد آل فخري
ASAAD AL FAKHRY

لُهاثُ المُشتهَى

MADNESS OF DESIRE

نصوص

الطبعة الثانية

SAMEH
Publishing دار سامح للنشر

إهداء

إلى ولَدي هيثم

سَمُّوني الغَامِض وَكَانَ حَديثي عَنْ البَحر

سان جون بيرس

مقدمة الطبعة الثانية

نعود إليكم بمزيدٍ من التجربة، والتعمق، والإثراء، في عوالم النص النثري، وهي رحلة جديدة، ومستمرة كل مرة نتدبر أمرها حين نرحل بها إلى أعماق الذات، ومشاعرها الخلاقة. ونأمل أن تكون هذه الصفحات ملاذًا لنا من جديد، وللقارئ المهتم في رحاب النص النثري، بعدما أجرينا تعديلات مهمة على بعضٍ من النصوص التي وجدنا ضرورة لإجراء التعديلات عليها، مما سيسهم في استكشاف جماليات النص النثري وأهمية الكتابة الحرة، من حيث إنَّ هذا النوع من الكتابة يمنح الشاعر حريةً فائقة في التعبير، وفي الوقت نفسه يفرض عليه تحديات جديدة تُعزز من قدراته الإبداعية وتنمي مهاراته اللغوية. فهو مزيجٌ متناغمٌ بين الحرية والقيد؛ إذ لا يمكننا أن نتجاهل الشعر المركّب والغامض الواضح الذي يشكل جزءًا أساسياً من المشهد الشعري العالمي الحديث.

إنه عالمٌ مليءٌ بالرموز والألغاز، حيث تتفتح الكلمات كأزهار في حقل مغمور بالضباب تحتاج إلى من يكشف الستار عن أسرارها المُتواريات.

فرنسا، 2024

أيكةُ الكُمَثرى

ولا تَرفَعَنَّ
هَسيسَ نارِ المِشكاةِ
على الصُّحُفِ الأُولى
كما
ثَرْثَراتِ البَرقِ المُبينِ
في آذانِ فيَلةِ الرَعْدِ
القيومِ

***

مِحنَةُ الشُّطارِ قافيةٌ عَبِّيق
الوَردِ
على أبوابِ ساحراتِ المغاليقِ
ها هنَّ
مُنْشِداتٌ يَجْبنَ إصباحَ اليَخاضيرِ
بأباريقهنَّ
المُترَعاتِ بالنَّدى وعَسْعَسةِ الليلِ

البَهيمِ

***

هو ذا
هَديرُ أصابعي
حينَ تَهطلُ
غيثاً على يَقاطينِ الأعالي النّائماتِ
مُذْ
حَنى السَّرو
ساجِداً للنّهرِ
رَقَّتْ
صِحافُ عَثَراتِ الأيْلِ في السُّهوب
حَيثُ الأنينُ المَكْتومُ
للماءِ
قُطْعانُ غَيمٍ دَكونٍ
يفْتَضُّ زَئيرَ الريح مِنْ بَكارَة عَصْفِه
المَيمونِ

***

يَدكِ
التي داهمتني كلِقاءٍ أوَلٍ
وألْقَمَتْني

- 10 -

العُذوبةَ ونَميمَةَ آيةِ النملِ
رِضابٌ
كَحَساءِ الآلِهةِ
مَذاقٌ
أُحْدودِ أيكةِ الكُمّثرى المُكتَظَةِ شُبّاكُها
بالقُبَلِ

❋❋❋

يُّها الغافيةُ
على وسَائِدِ نَشيدِ طائرِ
الأنوقِ
تَبرَّجي بالحَيرةِ ولا تُسَلِمي
باشِقَ الشَكِ
لِغيهَب حَمامَةِ
اليَقينِ

❋❋❋

أيْكُكِ الفريدَةُ
كما
قُبْلَةِ الغَسَقِ
على لاميّاتِ الغَلَسِ القيومِ
هوذا

لُهاثُكِ المُطبِقُ
على الشُرفاتِ راياتٍ مِنْ
حَنينٍ
جِراءِ المَواقيتِ
السَّبعِ
وشَفاعاتِ الفُهودِ الباسطاتِ
أذْرعها
على حافّاتِ أسوارِ
الأناشيدِ

***

صَريرُ
مَغاليقِ النُزولِ الأولِ
وخَواتيمُ
الوَجدِ أقْفالُ بابِ الله
المُوارِبِ

***

لا سَماءَ
نَحرثُ مَراعي برازِخٍ
زُرْقَتِها
لا سَماءَ

نَشُدُّ إليها الأنهُرَ مِنْ أعْناقِ

ضِفافِها النائِماتِ

لا سَماءَ

تَسْتَدْرِجَنَّ السَهمَ الرَشيقَ إلى قَوسِهِ

الخاوِيةِ

لا سَماءَ

كَأني لم أكنْ مَنْ يَرفعُ كأسَ

الحَنينِ نَخباً

لِعَيْنَيها

لا سَماءَ

تَقرَعُ بابَ الشَمسِ بالهُتافِ

وتَذرَعَنَّ حَنيني

كَما جُنونِ قُبْلَةٍ تُضاهي

العِناقَ

لا سَماءَ

كَفِنوني بِزَعتَرِ البَراري وجَوقَةِ

الإنشادِ

وارْتَعِدَنَّ عُذوبةً

وتَسامَقنَّ

كَما قَوسِ قُزَحٍ وَيَمامِ

إصباحاتٍ
لا سَماءَ
تَراني كَي أراها
لا سَماءَ

∗∗∗

ها أنا
أَسْتَحْلِفُكنَّ
بأسْماءِ الفُلْكِ
على رؤوسِ الأقاصي
والدانياتِ
لا تُجْفِلَنَّ يَراعَ الطينِ
وتُفاحَةَ الظاهِرِ بِمِزَقٍ عُرْجونِها
في الرِّطابِ

∗∗∗

ويْحَكُنَّ
خَرَزُ النهرِ شاماتُ
الضِفافِ
ونُعوشُ فَراشاتٍ مَسَّها ضَوءُ
المِحنَةِ
وداهمها الخَواءُ

وأنْتَنَّ
سَطرُ اللهِ الناقصِ وعينُ الطَبائعِ
اللاهِثاتِ

❋❋❋

نشيدُ الماءِ

بينَ راحاتِكُنَّ
إحَدَى عَشرَةَ حَيرَةً
والشَكُ
واليَقينُ
يَسْجُدانِ
رَكْعَتانِ للريحِ
وسَجْدَتانِ
للعَصْفِ في غفولهِما حينَ
تَهُبّانِ

❋❋❋

ثَرْثَرَةُ الحَصى

على الضِّفافِ نَشيدُ
نَجواي
وثُغاءُ تَيتَلٍ
أغْواهُ السِحرُ في عينيكِ

فَثَغى
كما الكَليمِ حينَ يقولُ

***

لا أَحَدَ
في الزُرقَةِ العَمياءِ سِوى حُرقَةِ الطينِ
وأنْتنَّ شُرفةُ البُكاءِ
على الفَسيح من سُهوبِ الظَمأ
مُثْقَلٌ يا أنا
بماءاتِ الوردِ
وأسرارِ
لَيْلَكِ مَرايا الشَفَقِ واشراقةِ القيّومِ

***

أُجاريكُنَّ
يتَها المِحَنُ وأنْتنَّ
كدوريٍّ
ينثُر العَويلَ على إسْتَبَرقِ البَصيرَة
ومن مستقرهِ كما مولوي

يدورُ

***

ثُعالاتٌ
هي المَكيدَةُ وتَدابيرُ امتحانِ
النارِ
في سُدرَةِ عَماءِ اليقاطينِ
يواقيتُكُنَّ
بُهرُجٌ ووسَنٌ
على الغُصونِ
كما الطيرِ في عُشوِشه
يَعْشو
ولا ينامُ

***

شَريدُ
إنشادِ أرواحِكنَّ اللاتي
يَلْثُمْنَ
الغَيبَةَ من عَينِها البَصيرَة
سماءاتٍ
من الغيابِ والقُبَلِ
والعِناقِ

يا لجُلّنارِ قلبي الذي
أقاصيكَ
هُنا وأقاصيكَ
هُناكَ
على نُوقِ الحمادينِ
أسْرَجَ
الأسلافُ على ظهورها قيلولةَ
الأزَلِ

***

وَيْحَ قلبي
كلَّما ارْتَطِمُ داوياً
بخاصِرَةِ
الداخلينَ والخارجينَ
من روحِ
الفَناءِ إلى روحِ الفِناءِ
أنا
وريثُ البُكَاءِ
على الصَدرِ في أوانِ عَرائِهِ
ائْتُمِرْتُ
بالزَلَلِ الغافي على خَدِّ

موجةٍ
نشْوانةٍ تاهَ سَفينُها في العُبابِ عن
الموجِ

***

هي الزرقةُ
لونُ المُخادِعِ في ظهيرةِ الكلِماتِ
أوّاهُ
يا غزالةَ الوحْشَةِ
حَملتُ كَبدي
قفْراً
وعلى غَفلَةٍ من هَسيسِ
العُذوبَةِ
جَمَعتُ ما تَناثَرَ مِني في بَهْمَةِ
السَّراباتِ

***

أُنعِمُ
النَظَرَ بِنِصفِ ما أنا حتى
أراني
على التُخومِ أراوِدُ
ما تبقَّى

مِني ومنكِ مُبعثراً
فوقَ السَّرائرِ والأرائكِ
السابحاتِ

❈❈❈

نَمَحو
معاً أنا وأنتِ
غِلالةَ نَجمةِ الثُّريا التي
أطلَّتْ
منَ الفَسيحِ رَتيلَ مَديحٍ
للهَباءِ وللنَهدِ
لقيثارةِ
الأُخدودِ ولجَنائِنِ الأنينِ ولهاثِ
القُبَلِ

❈❈❈

سُبحانَكِ
يا إصْباحاتُ
مَنْ ذا الذي
طَوَّقَ قافيةَ الكَمائِنِ
بزَرَدِ الحِيلَة
واخْتَصَرَ مُكوثَ النارِ في

الحَطَبِ
ها تيكِ سناها اللظى
يتضورُ
جوعها عطشَ
حرائقٍ
بينَ النهدِ والموقدِ

***

غيرَ أنيَّ
أنثرُ حَمْأتي على الحَدَآتِ في
العَراءِ
ياقِرْطَها الذي لِسانُ
غِوايَةٍ
تَهِبُهُ الروحُ لِلزَعفَرانِ واليَخاضيرِ
لأَحْتَجِبَنَّ
إذا ما مَرَّ المساءُ ساخِراً مِنْ نُجومِهِ
لاَ بَلْ
سَأَمْتَنِعَنَّ عَنْ دَحْرَجةِ
قُبَلِ
اللَمى عَلى الأعناقِ
والنَّحْرِ

***

أتونُ

الغيابِ يُرْضِعُ الليلَ

ثَدياً

مِنْ دَفاتِرِه

وكما

الطَّي غَضُّها يَنْطَوي

أيا سِرَّها

أنتَ نُسُكُ الريحِ

ومُحْيَاها

بينَ النهدِ والنهدِ

***

هي اللقالقُ

بأعناقِها الطَّويلَة

تَمْشي

على الماءِ بعَكاكيز المُخَلِصِ

ذا

الصُّبحُ يروي حِكايةَ نورِه

خيطاً

إثرَ خَيطٍ

- 22 -

أسيرُ عليه أنا وأنتِ
ولا نتعثَّرُ

•

مَراعي الأزَل

1

يا رَبَّةَ الأكماتِ
مالِئاً راحَتيَّ بأضاميمِ رُمانِ
السّدَرَةِ
عاكفاً أرمي الفُصولَ بأُمِها
السَنَواتِ
وأحصي بشغافِ
القلبِ
على عجلٍ
شَجر
أيامها اليانِعاتِ
يا آيَةَ
الصُعودِ أنتِ ويا سورَةَ عَراءِ مَدائح
الوَهْب
قهْقَهَةُ الدُهورِ

قَرابينُ مَرْمَرِكِ الصَقيلِ
ولخَطْوِكِ الأَليفِ
يجفُلُ
الأَيَلَ في مَراعي
الأَزَلِ

2

شَذْرُ
نَهدَيكِ المُدَّثِرينِ بِفِراءِ
تَوْريات
مَجازِ الحُلولِ وَوِجْرِ الزَعْفرانِ في
الحُقولِ
مَناجِلُ البرهانِ الحَصيفِ ومِحنَةُ
الفِردوسِ
في عَينِ اللهِ الحاذقةِ
يُها الحَيرةُ
التي شُباكُها خَطاطيفُ
تُنادي
بغريدها على السَطرَ الناقِصَ
للكَمالِ
مِنْ أقدامه العارياتِ

3

على مِشْجَبٍ ذُريةِ
الريحِ
يُعَلِّقُ البَحرُ هُبوبَ أزوالٍ
ضَفائرِهِ
وينشدُ من قلبِ العُبابِ
للمدبراتِ
منَ السفائنِ أناشيدَ
بَياضِ نوارِسِهِ
الرَّشيقاتِ

4

خَفْقُكِ
جَناحُ فراشَةٍ
يُها التي أيْقَظَتْ أيادي
النَديمِ
بِمِعوَلِ اليَمِّ
وأناشيدِ
الماءِ العَصِيِّ النائمِ في
الينابيع
كلُّ الغياهبِ مَكائدُ

للعَصفِ
وتَسابيحُ مُطارحاتِ
الوَيْل
بِالواقِعَةِ الثَّكلاءِ
بِحَمْدِ
الضَلالَةِ التي فَرَّ من شبابيكِ
شُرُفاتِها
اليمام وما عادَ
يَحُطُّ
من غَيبٍ وجُلَّنارٍ
من أزَلٍ
يواري الدهورَ
في عينه العَمياءِ
ولا يقولُ

5

ذا بَحرُ
ذا ماءٌ أُجاجٌ
ذا هَوْلُ قِلادَةِ
القُدّوسِ
ذا بوقُ المتاهاتِ وأنينُ المَضائقِ

المَحْموم
ذا غَدَقٌ
تَرسُمُه النَوارِسُ بِمَناقيرِها
على مِزَقٍ
من تُرهاتِ المَوج الأليفِ
ولا على الموجِ
تَحُطُّ

6

أناشيدُكَ
الحافياتُ من نِعالِها
يُها البَحرُ
أوْلَمَتَ كَمائِنَ المِحْنَةِ
للعابرينَ
واستأتيتَ الدُّهورَ إلى
طَيشٍ
لِسانِكَ الحَجَريِّ على الضَّفاف
يا أنتَ
يا غُلامَ الزُرقَةِ
وضِلِّيلَ
السفائنِ على وَقْع أناشيدِ

السَديمِ
وقِصارِ السُّوَرِ النائياتِ
بينَ
الصحائفِ والحجرِ
يا كَليمَ الصَمتِ
وسَيافَ الخَزَفِ العامِرِ بالصَرخَةِ
تُرْجُمانُكَ
نُعاسُ المِلَلِ على ثَدي مَدارِكِ
النحلِ
سَنَصْعَدُ بالقُبْلَةِ اللَمْياءِ
أَدْراجَ المُشْتَهى
وسَلْسَبيلَ المَراثي
ونُدركُ
اللحظَةَ اللقيطَةَ
وَقْتَما
يَسْتَحِمُ الكائِنُ بالْكَمالِ اليقظانِ
في المناماتِ

7

وَيْحَكَ
لا تَشُدَّنَّ نشوةَ العناقَ من رِضابِه

الأزَلِ

وَلْيَحْذَرَنَّ بالوجَسِ

قَلْبُكَ

الولهانِ وقتما بِجَناحَيهِ الغافيينِ مستيقظاً

يَخْتَفِق

مَتاهَةُ لُبِّ اللوْزَةِ العمياء مُفْتَتَحَ

الأناشيدِ

وآيةِ القُبَلِ على اللمى حين

تصطَخِبُ

ألا فلتعُدَّنَّ

يا أنتَ

ما تَيَسَّرَ مِنْ لهاثكَ المشتهى فوقَ

سُرَّةِ الليلِ

حينَ تُعسعِسُ أنفاسَ لُهاثِ

الكَسْتَناءِ

فوق حَجَرٍ صَقَلته الريحُ من

نارِ

هبوبها الميمونِ على عِواءِ الدَهرِ

نامَ

الرُسُلُ مُكَبلينَ بالعِصْمَةِ الضَريرَةِ وهُموسِ

الملائك

8

قَرْعاً

هو الصُّبْحُ على طُبولِ

الرَعْدِ

وأنا الذي أسْتَحْلِفُكَ

يُها البَحرُ

بِجِراءِ فهودكَ المَخْفورَة

بِسِهامِ

الخافيةِ ودم الحَلاج على صليبه

ينزُفُ

فوقَ مَثاقيلِ بَساتينِ الزَعْفَرانِ النابِتِ

أستحْلِفَنَّكَ

يُها البَحرُ الضِّليل بصحافِ

مَناقير

أثْداءِ خُلاسيةِ الكُرومِ وأعنابها

المَعاسِلِ

وبِحُرّاسِ الشَّهَواتِ العمياء

ومَنائِرِ

لُجَّةِ رَوْجِكَ الضِّلِّيل

بأخاديع
الفُلكِ وفحيح حمأةِ
القُبَلِ
يُها البَحرُ
لا تُقايضنَّ المَشيئةَ بِفِراخِها
التِّسعِ
ولا تنادي من قلبك الجسورِ على
جراءِ
ثعالي أجَماتِها اليُسَبِّحنَّ ما انفكوا
بصوتِ أنيني
المكلومِ

9

صُنوجُ
غَمرِكَ يُها البَحرُ أوْلَتَها
بَوحاً
وصايا مِن ماءٍ ومِتراسٍ من غَيْبِ
يتَسَّعُ
عَذاراكَ
اللواتي يَرجُمْنَ الفَجرَ بوردِ
رماحهنَّ

وبِجَمارِهِنَّ اللاتي على الخَدِّ
نارُكَ
الصَّموتةِ تتلظى دونَ سناها في المواقدِ
يا أنتَ
التي بينَ مراياكِ رايةٌ
للبَرازِخ
وقيومةٌ تحرسنَّ ضفافَ
الأنْهُرِ

10

قُلْ
خَبِّئيني يا نارُ كَمَتاهَةٍ في
الرَمْلِ
واهْجُريني كَما اللُهاثِ
المُنْفَضِّ
عن رِئاتِهِ النائماتِ على أسرَّةِ
البَدَدِ
آمادي تَهْطُلُ عَماءَها
العاكِفَ
في صَومَعَةِ آزالِ الزَعفَرانِ
وتَنْشُرُ

حمأةَ الرَعيلِ الأولِ لأسْلافِها الحُمْقِ
مِطرَقةً
فَوقَ سِنْدانِ الدهورِ
الغاربات
بأبوابها العَشْرِ ما انفكتْ
تَطرُقُ

11

عِمْ صَباحاً
أيُها الصاعِدُ من مَفازَةِ الصَخَبِ
الجَليلِ
إلى سُدرَةِ الغِبطَةِ الفَيحاءِ
ولا تُسْرِفَنَّ
في انحِناءَةِ المَديحِ
وهَسيسِ
الصَّبواتِ على مناقيرِ
النَّهدِ
عِمْ صَباحاً
يُها الغافِلُ اليَقْظانُ واحْمِلْ
فَمي
إلى تَمْتَمَةِ الغُيوبِ ليؤنِسَنَّني

حَنينٌ
اقتِناصِ الشِّفاهِ وغِوايَة العِناقِ
والقُبَلْ
عِمْ صَباحاً
ريثما يَخْرُجُ المُتَرَنِمُ مِنْ عَباءةِ نَشيدِه
الأولِ
ثَمِلَ الهُتَافِ
كَما الأَنينِ في مَناقيرِ الكَراكي
الحَزينَاتِ
عِمْ صَباحاً
كَما هذا السَّماويِّ الباذِخ في
العَراءاتِ
يَسْتَظِلُّ العِناقَ غاوياً
شَغُوفَ
الكَمَائِنِ في مَعَابِدِ المَرمَرِ
قَتيلَ
الهوى فوقَ توتِ اللاميّاتِ
نَهَّابُ

12

وَضّاحاً

أجيئُكِ يا آسرتي كَما

سِهام

الشَّوْقِ في عُيونِكِ الكليمات

غامِضاً

أرحلُ عنكِ كَما صَمْتِ عَينِ

حجَرٍ

الكهرمانِ في الضَّوءِ

وَضّاحاً

بينَ راحتيكِ

كَما اضمامةِ أرينِ القَلْبِ في النَّبْضِ

غامِضاً

كَغَرانيقِ العُلا

وَضّاحاً

كَما النُّبْلِ المُسْتَدِقَّةِ في

أَقْوَاسِهَا الحَانِيَاتِ

غامِضاً

كَكَمْأةٍ بين ترائبِ البراري للماءِ

تتضَوَّرُ

وَضّاحاً

كَما الأنينِ في الحَرْب

هو ذا
مَديحُ القُبَل
لهاثاً ينادي العناقَ
من شباكِ بوابةِ
النَّحرِ

13

نَشيدي
سَأذرفُهُ دَماً
ودَمعاً سَأذرفُهُ
على مَنْ يُشبِهُني منَ
اليَنابيع
بَينَ الحَصاةِ وَقِشَةِ الحياءِ
تَبَدَّى
العَراءُ عَلَى أتمَّهِ
وأنتِ
جُنْدُبَ الظَّهيرةِ المَلْسَاءِ الذي ما انفكَّ
يَضفُرُ
شَعْرَ غَانِيةِ الحَانِ وَيُدَحْرِجُ ابتسامَ
اللمى
نُثارَ جُلَنارٍ وَسَوْسَنٍ في عبيقهما العِطرُ

يَتَسَكَّعُ

وَأَنا الذي

مِنْ شُبَّاكِ غَفْلَتِها اِسْتَدْنَيْتُ

مِنْ رَآني

غَيْرَ أَنِّي

أَشْرَّدْتُ ظبية النَّهارِ

وفي كعوبها مِسْكُ العُذُوبَة

يترنَّمُ

كَما أيائل من بِلُّورِ

الضُّحى

على سَريرِ المُشْتَهَى ذُنوبُها

تقْتَرفُ

فِرَاءُ سَنَاجِبَ وعَبيقٌ

جُلَّنارٍ

أشجاره بَيْنَ الأَيْكاتِ من

مُسْتَقرها

تدور ولا تصعَدُ

رُسُلي إِلَى الشَّجَرِ

اِحْتَجَبُوا

كَأَنْ أَصابَهُمْ مَسُّ أَصابِع

المَشِيئاتِ
حَيثُ العُشْبُ المُطَرَّزُ بالخُطَى
الجَلِيلَاتِ
يَا لأَسْماءٍ من يمْضي
نحوَ هِنْدِباءِ الثَدي
ومِهْرجانِ الأخاديد
مُحمَّلاً
بِطائِرِ الحَنينِ ومَديحِ عُشْبةِ
الأرْحامِ
وراية الحجلِ
فَيا هذا المَدى المُنْفَكُّ عن قَيدِه
عَذاراكَ
اللواتي يقْتَرِفنَ فَيضُ الوَمْضِ
في أتونِ زَمْزَمةُ
القُبَلِ

•

ها.. نَيرونُ

1

اِصْعَدي
يا فَرائِسَ نَيرونَ
مَحْفوفَةً
بِغُلْمَةِ شُطّارِ جَمْرِ الواقِدَةِ
لِنَشْهَدَ
نَحْرَ ثَورِكِ البَهيمِ نازِفاً
نَدائِمَ
جَحيمٍ» دانْتي» الحَزينِ على رُخامِ
الخُلودِ
ها تيكَ أرغِفة (أوتْنابشتيم) الموغِلِ في
القَصيّ
حَيثُ نُعاسُ (جلجاميش) اللدِنِ ونُمورِهِ
المَخفورَةِ
بِظُنونِ أرغِفَةِ الحاقَّةِ

وسُبْحَةُ
الضالينَ في وقارِ المكِيْدَةِ
وأنتَ الذي
كُلَّما
استدرْتَ نحو الجهاتِ السَّبعِ
نادتكَ الشُّموسُ
أهرَقتَ
دَمَ المأمولِ في غيابه
حَنيناً
بَاكياً على نَيزَكِ السُفوحِ
البَعيدة

2

ها نَيرونُ..
مَديحُكَ العَليلُ
نَخبُ
الموتِ على الشُّرُفاتِ
بأقْفالِ
لُجَّةِ اليَمَّ مَشْمولاً
بحُراسٍ
أصابعِكَ الحَريفةِ

ها نيرونُ

ذَبَحْتَ الهواءَ في حلاقينِ الحوتِ

الضِّليلِ

وأودَعْتَني فسيحَ الصَبرِ مِرآةً

ليونُسَ

الضَارعِ ملتقماً نهدَ الليل الذي على

صَدْرِ

النهار مناقيره تتسكَّعُ

غريقُ

الهاويةِ أنا بينَ راحتيكِ عَكوفَ الوجدِ

استغفرُ

3

هاتِهِ ..

مثَلَ غُلامٍ ثَمِلٍ

أنشَدَ

الغِوايةَ من قلبه المفطورِ

بلسانِ

الصَّدى الممهورِ بنَقشِ

الغياهبِ

واصطخابِ زُقاءِ ديكَةِ السُهوبِ

المحاربةِ

يا أنتَ

يُها الذي نَشيدُكَ الحافي مِنْ نِعالِ داعِراتِ

الكَمالِ

ولُجَّةِ فقهِ بَداوَةِ خَواتيمِ مَقاصِلِ

الصِحَافِ

والكتبِ

نَيرونُ يا أنتَ

هاتِه

من قلبِ الوجدِ

الحَصيفِ

مكبلاً برهيفِ الفؤادِ المُضمَّخِ

بالحنينِ

4

بِمَطارِقِ

الرَعدِ على الحافّاتِ

سَنُهَشِّمُ

مَرايا البَرقِ بِدَم العابرينَ وحُبورِ

الأَجَمَةِ

نَيرونُ يا أنتَ..

هاتِها
جِيادُكَ الوَاهِناتُ
تُقايِضُ
الرَعدَ بالبَرقِ لا أرضَ فوقَها
ولا
سَماءَ من تَحتِ سَنابِكِها
تَلوذُ
مُعَلَقاتُ الصَهيلِ جيادكَ
يا نيرونُ
على مَضائِقِ شُباكِ الوليمَةِ
الكبرى
بجَناحَيكَ الخَفوقَينِ
نَثَّرتَ
شَظَايا كُؤوسِ الرّعْبِ الحَصينِ
عَلَى مَاجِناتِ الوَيلِ
مَرْثِيَتانِ
هما
مَباسِقُ الخَدِيعَةِ في كَهْرَمانٍ
لا يُضيءُ
ولِسَانِ قَطيعِ الجَمْهَراتِ الذي
ينوحُ

على الدُّروبِ
ولا يبوحُ
ذا بَابُ الحَيْرَةِ يا نيرون عَلَى
رَصيف
الصَّرْخَةِ المَرْجُوَّةِ تَمُدُّ
العَنْقَاءُ
جَنَاحَيْها البَليلَينِ بِخَمرَةِ اليَقِينِ
كَمَا
سَقْسَقَةِ الحَصَى في خَرائِنِ المَاءِ
والنُّهُرُ
الغافياتِ على صِراطِ
اليَقينِ

5

يُها الرَّشِيقُ
كَرُمْحٍ مَسْمُومٍ الرأسِ حينَ المَغيبِ
مَواقيتُكَ
الباذِخاتُ ثرثَراتٌ للنُّهُرِ
وَوَسائِدُ ريشٍ
وأرائِكُ مِحنةٍ
يا هولِ الحروبِ

وَيْح
قلبي يا طائرَ النارِ
كَقُبَلٍ تَفِرُّ
مِثْلَ فراشاتِ مَعْصِيةِ النار والنورِ
جَناحاكَ
تدابيرُ المِحْنةِ وغُبارُ
الطَّلْع
على الشَجَرِ الأليفِ
عَقيقٌ
اللذةِ الفَيحاءِ
فيما تَيَسَرَ مِنْ نَشيدِ الرَملِ
وغافِيةِ الينابيعِ

6

نَيرونُ هاتِها..
هُمو
غُلمانُكَ الجَسورونَ
مُتكئونَ
على أرائِكِ السَديمِ
مُنْصِتونَ
كَتماثيلَ من البازِلتِ المكبَّلاتِ

بزردِ
الرملِ الفصيحِ
هُبوبُكَ
المكنونُ في كائنِ الكمائنِ مُزَاحَاتُ
الغُضارِ
الطينِ تحتَ شجرةِ البَرْقوقِ
آنَ
للحَجِرِ أنْ يفُكَّ قَيْدَ إرْثهُ
الغُبارُ
وا عَنْقاءُ
وا طائرِ النارِ أنتِ ومُدْيَةُ
النِسرينِ
مثلَ طَعْنَةٌ لا تُرى في خاصِرَةِ
البِلادِ
نِصْفُ الحُلِم المُسَجَّى
على الطُرُقاتِ
أنتِ
يُها البلادُ
غَيْرَ أَنِّي
عَلَى مَضائقِ الحاقّاتِ

أَزرَعُ
دَّلبوثَ قلبي
فَوْقَ سُرَّةِ العِصْيانِ المُنْشِدِ
ترنيمةً
من الشِّفاه إلى الشِّفاهِ
خُذوا
مَزَامِيرَنَا
وَطُبُولَ الرَّعْدِ مِنْ صُدُورِنَا
وانْثُروا
البَرْقَ صَرْخَةً عَلَى
الطُّرُقاتِ

7

انْحَدِرْ
يا نَيرونُ كما نجمٍ هوى
يُها
الصاعِدُ فوقَ بَريقِنا عنوةً بلسانِ المكائِدِ
وافْرِدْ
جَناحَيكِ البَليلين دَماً
وأَهْطِلْ
مَطَرَ المُسْتَغيثِ مِنَ الهُبوبِ

على المكلومات
ذا
الصُّبحُ سَرَجَ نورَهُ
بغَلْواءِ لَيلِهِ
فانْدَلَقَ المَديحُ المَلوْلُ من أباريقِهِ وَمْضاً
كما
نَهْبِ القُبِلِ لِلْقُبَلِ

8

ها.. نيرونُ
أبواقُنا
للنَفيرِ صاخباتٍ يا لَهَولِها
بوابةُ
الشُّروْعِ المكْتَظَةِ بالْمُمْكِنِ مِنْ
خِيانَةِ الجُرْح
بِملحِ المحنَةِ ورياءِ الرَمادِ في مَواقِدِ الجمَرِ
الغَيورِ
مِنْ غَسَقِ
الحقيقةِ البَلهاءِ
إلى
كَهْرَمانِ الخَديعَةِ

كانَ

النَشيدُ على أتَمِّهِ

في فَمِ ذِئبَةِ السُهوبِ

بُزوغُكَ

الداعِرُ

يا نيرون

مِحنَةُ الفَيافي وثَأثَأَةٌ تَلثُمُ

أثْداءَ

الهاوِيَةِ فوقَ الصُّدورِ

هو ذا الدَهرُ

يا نيرونُ

المُدَّثِرُ بِرداءِ النارِ

مَخْفوراً

بِأباريقِ الدَّمِ المكنونِ

فهودُكَ

الباسطاتِ أذرعها

نَحَرْنَ الفَجرَ مِنْ لُهاثِهِ والحِلاقينِ

لا سِواكَ

مَنْ أوْلَمَ الإصْباحَ على عَتَباتِ المَغيبِ

وأنصتَ

نشْوانًا لصخبِ الدَّوي
لا سِواكَ
مَنْ رَجَمَ الغيبَ بعُلومِ
التَوْرِياتِ
وصحافِ
الحِصنِ الحَصينِ
لا سِواكَ
مَنْ نَهَبَ الفِردَوسَ مِنْ أيكَتِه
الجُلَّنارِ
وقايضَ الأراضينَ بالأراضينِ
لا سِواكَ
مَن طَعَنَ الرَّعدَ بمُديَةِ البَرقِ
مبتسماً فوقَ
الجَبينِ

9

مَصابيحُكَ
الشَحيباتُ رُؤُوسُ
سَناجِبَ
خَطوهُنَّ عَلَى السَّوارِي
نَوَّارَةٌ

بِعَثَرَتْها الرِّيحُ تِيهاً خلفَ تِيهٍ
يلوذُ
خَواتيمُكَ الغافياتِ
هُدْهُدُ
الكلماتِ وأسِرَةُ اللُّهاثِ
في
منازِلِ النَّمل الحصينِ الذي
يَنْشُدْنَ
مَدِيحَكَ بِأَبْوَاقِ الرَّعْدِ
القيّوم
وَيُنَضِّدْنَ الغافِيَةَ كما مِحْنةٍ بينَ
السطور
بِعِطْرِ الصُّوَرِ
وَأَبْوَاقِهِ العشرِ الآجُرِ
كَرَاوٍ
أَشَاغِلُ الصَّدَى بِأُمِّهِ
الصَّوْتِ
وَأُرَقِّقُ أَرْغِفَةَ النُّعَاسِ بأصابعِ البرقِ
عَلَى الحَجَرِ المَيْمُونِ
وأنا الذي

سَأُلْقِنَنَّ الصُّبْحَ وصايا بَكَارَةَ
السِّحْرِ
وتُرَّهاتِ نَفيرِ الأَزَلِ وغافياتِ
الدُّهور
بِعُرْجونِكَ الصَّلْدِ يا طائِرَ
البَرْقِ
لا بدَّ سَتَتَوَارَى الأَرْضُ عَلَى
وقْعِ
نَشِيدِ الْخَافِياتِ وسَقْسَقَةِ
الأَزَلِ
وَلَنُجْزَنَّ يا نَيرونُ الضَّليلِ
مِنْ
كَبِدِ السَّماءِ أَنْيابَ غُيُومِكِ
الضَّالَّاتِ
ونُمَسِّدُ بِمَنْي الوعولِ جُنْحَ الغَرانيقِ
عَلَّ
الْمُستَلقي على الأرائِكِ الزُرقِ
يَنقُرُ بِسبّابَتِه
طُبولَ
الوَعيدِ
أعلى النموذج

مفازَةُ إسْتَبرَق

لَكِ ...
قَلائِدُ كَهرَمانٍ ومَفازَةُ
إستبرقٍ
وردُ ريحانَةٍ هَيامٍ
تَمايَلتْ
بُهرُجاً على أدراجِ الرُّخامِ
أصابعُكِ
الباسِقاتُ
وَقارُ الشَقائِقِ الدامِياتِ
ومَكائِدُ للريح
وسلامٌ مِعراجي إلى هامَةِ الكَمائِنِ
الضِّلّيلاتِ
حَيثُ الصَلصالُ نَفيرُ
الصّورِ
ونَديمُ الليلِ في بَهيمِ السُّدولِ
على الأكتافِ

✻✻✻

فَوّاحةُ عِطرٍ
أنتِ
كَما للضُّحى عَبَقُ الأزاهير على صَدْرِ
الأراضينِ
مثاقيلها في العِطر تتضوعُ
ولَسَوْفَ
أنْحَرُ أيل السَماء مِنْ أتونِ قَلبِه
الفَصيح
وأجُزُّ جذواته السَّبع من سعيرِ
المواقِدِ

✻✻✻

شارِداتٍ
ها هنَّ القُبَلُ
تطوفُ فوقَ لمالكِ الغارقاتِ في
دمِ
الرِّضاب العَسِلِ
وأنا الذي أسكُبُ مغْداقَ الهَمسَ
لعَينيكِ
مِنْ أباريقِ النَّدى

نَديداً

لا

بَلْ نَشيداً

قُلْ أعوذُ

بمدارجِ النَحْرِ ومديدِ العُنُقِ

قُلْ ألوذُ

بِقَوسِ قُزَحٍ

شاغلَتْه

الأجرام بأصابعٍ مِنْ بَريقِ النجومِ

التائهاتِ

في مرايا الله والصُّحُفِ

❋❋❋

سَأُذَكِرُ

الوردَ فيْكِ

عندَ شُباكِ نباذِ الكرومِ المُعتَّقاتِ

دنانه

وقْتَ الأصيلِ

هو ذا

الصُّبحُ

بَيارَةُ لَوزٍ

واضمامةُ قَهْقَهاتٍ داويةٍ
وأقْنِعةٍ
مِنْ صَدى الصَّوتِ الفصيح
تَغترفُ
تَفْتَحُ في العَراءِ خَطَواتِ حَيرتِها
كَما
اصطخابِ قَرْعِ طبولِ
خُلاسيةٍ
في أتونِ عَرائِها
تذوبُ
وَلَها بَهاءِ الأَبنوسِ في جَذعِهِ
إذا
ما ارتَطِمَ الصُّبْحُ
بالصُّبح
تبدى في الخيالاتِ مِهرَجانُ
أحابيلِ
قَنصِ العُذوبةِ الحَريفَة
مِنْ شُباكِها الصَّلْصالِ الذي لذنوبه
يقترفُ

❋❋❋

لَبوَنةٌ
فَراسِخُكِ الْمُبَارَكَةُ
كما
قِديسَةِ الكائِنِ الْمُضَمَخِ بِلُهاثِه
الَمَحْموم
عارماً كَمِسَلَةٍ
يَسْتَطلِعُ غَياهِبَ أَقْفالِ اليَمِّ
وكَطائِرٍ
مَذْعورٍ مِنْ جَنحه الْخَفوقِ
يَمْضي
في الْحومِ محلقاً
ولا يُحُطُّ

***

أَواهُ مِنكِ
يأْخُذُني الْحَنينُ إليكِ
يتُها
اليَقظانَةُ في دَمي
جُلَّنارٌ للحَصى
وبارقاتٌ
لليُمنِ الْحَصيفِ

نَهداكِ

زُهاءُ المَعضِلَةِ وخَيالاتُ

المَرمَرِ

على أُمِهِ الحَجَرِ الصَّموتِ

فَراسِخُكِ

الجَليلاتُ

أَيْقَظْنَ مَدائِحَ أمومَةِ الأشياءِ

بِأُرْديةٍ

ميادعها مِنْ رخامٍ صَقَلتْهُ

يَراعَةُ

اهْتِياجِ البَجَعِ لاوياً رِقابَه

المديداتِ

على ضِفافِ الزَعفرانِ

البليلِ

❋❋❋

تَسْتَدرِجينَ

الطَيرَ مِنْ أعشاشِ غَيبَتِه

كَظَبْيَةِ

الفصولِ من شوقها تنادي على

الأيلِ

إني أراكِ

تَنشرينَ عَماءَ عينِ اللوزِ على

فِراءِ

مَعاطِفِ النِسيانِ الفَصيح

وبينَ الدُّروبِ

وكَما

وابتِهالِ اليَقينِ الزُّمرُد

أناديكِ

يا نَخْلَةِ الفِردَوسِ

ويا ثَرثَراتِ قُبَلٍ إلى جوارِ سوقِ الشجرِ

القديسِ

قَهْقَهاتُ العابِرينَ مِنْ شُباكِها

الغَيب

حَنينٌ نهّابٌ

يَقْضُمُ أشواقي لعينيكِ

من سَماءَ

الحَيرَة

حتى مستقَرِّ الشَّكِ في

اليقينِ

✻✻✻

كما الطَواويسِ

الحاذِقاتِ

يَهْمُرْنَ الدَمْعَ البُهْرُج

بعُيونٍ

ذُيولُهُنَّ المُصطَفاةِ

وكَما يَنبَغي

أَحِيكُ لكِ وحْشَةَ القَرائِنِ

بين قُطعانِ الغَيمِ مُثْقَلاً

أنا

بأحمالِ حَنينِ اليَنابيعِ

أَجُرُّ

مِنْ خَلفي غِلالَةَ الفُلكِ

والشارِدِ

مِنْ رائِحَةِ الياقوتِ في

مضاويه

مضمَّخاً بأرْجوانِ المَديح

على أسِرَّةِ لُهاثِ المشتهى ووسائد

الغافياتِ

***

سَأرْجُمُ

القَمَرَ بِضَوءِ الضَرورةِ
وأجمعُ
المَباهِجَ في صُرَةِ راعي
الأيْلِ
وصاحبِ الخَفَرِ النبيلِ في
الصُّحُفِ
ها.. عَصاكَ
أَهُشُّ بِها نَشيدَ الإِنْشادِ مِنْ
قراطيسِه
في الكُتُبِ
وأَتْلو نَحيبَ الجَمهَراتِ
في احتِشامِ عُرْيِكِ
يُها
البارِقةُ الخَطوِ
الفَصيحِ
تَلْفَحُنا أَنْفاسُكِ اللظى
كَما
سِحْرِ سارقَةِ النارِ
وضِحْكَتُكِ
البَيْلَسانُ الخَجولِ

عُرْيُكِ الوَردُ

مَواقيتُ

حَدائِقِ اللهِ المُعلقاتِ

على مِشْجَبِ ذُرْيَةِ

الريح

وبَساتينِ النُقوشِ

الكَليمَة

•

وعولُ الحَيرَة

1

بأناملِ الحَنينِ
أوْقَدْتِ
سِراجَ القَلبِ من طاووسُ فِردَوسِه
الجليلِ
هو ذا ...
يَنْقُلُ الإصباحَ بِمِنْقارِ الشموسِ إلى
كَمائِنِ
مشارقها في شباكها
النورِ
سَقْطُكِ
يُها الغَيبةُ رَحِيمٌ تَثاءَبَهُ
الحَجَرُ
وأنتِ ضَلالَةُ البرهانِ
ولُهاثُ

قُبْلَةٍ عَمياءَ على وجنةِ الشَّفقِ تبوحُ
وعولُكِ
أنْفاسُ الحَيرةِ
على حافَّةِ الشَهواتِ
وأيائلُكِ
يَقينُ خَطيئَةِ التُفاحِ على الشَّجرِ
القُدّوسِ

2

امْتِحانُ
رَقْشِ القُبَلِ
على لامياتِ العَسَلِ تبوحُ ولا تقولُ
لا تَجْزَعي
فَسَحائِبُ الغَيثِ الحَرونِ
تَبْتكِرْنَ
مَدائِحَ رُجومِ الغَيبِ
حَجَراً
إثْرَ حَجَرٍ
وحارساتُ الرَّمادِ
اللّاتي
وَلَدْنَ الهَباءَ مِنْ عانَةٍ

العِصيانِ
فوقَ مروجها العَشرِ سوقُها
تبوحُ

3

ها هُمْ
يَنْقُلونَ عَبَقَ خَطَواتِهم
سَبعاً
مِنَ الفَراسِخ القيوماتِ ومِنْ
خَلْفِهم
جِراءُ الناموسِ النابحاتِ على
ريشِ الطَيرِ
المَمهورَةِ
بِصُراخِ غرانيقِ العلا صاحِباتِ المجازِ
والتَأويلِ
حَيْرى هُمو
نَحَروا وعولَهُمْ مِنْ قَوائِمها
الكَليمَةِ
وعَلقوا نَهدِ الهاوية على
السياج
المَحْفورِ برُؤوسِ كِلابِهِم الضُالَّة

والضَّريرَةِ

4

ها..

يا بَناتِ آوى

آنَ لَكُنَّ فوقَ الأسوارِ أنْ تترنَّمنَ بنشيدِ
الأناشيد

مُبَعْثَراً على طَيْشَكُنَّ اللَبونَ

ها هو

من فؤاده يغني الفقدَ للأرينِ

قُلْنَ

للنَّهرِ مَرْحى

دماً

أَجَدْتَ فوقَ صلاةِ الترانيمِ
النزيفَ

هُما وحْشَتانِ لِفَراسِخ وعولِ
الروحُ

في حَنينِها الأولِ

والليلُ

إنْ غابَ النَديمُ

يُدحرِجُ
الرَعْدُ فوقَ أشتاتي نَهْبَ
المُسْتَغيثِ
هو البَرقُ في عَانةِ السَماءِ
وَميضٌ
رُعاةِ الرِنَةِ في سُرادِقِ الضَوءِ
وقتما
يَذْرُفْنَ الصُبحَ قَلبي
ثَرْثَرَةً
من حَنينٍ وأشواقٍ
حائراتٍ
على قوارعِ الدُّروبِ

5

حاكِماتُ
المذاقِ المنقوشِ على جناحِ باشقِ
السحرِ
في عينيكِ الكليمتينِ
أفخاخٌ
من الحَجَرِ النَبيلِ
أنتِ

وخَيالُ الكَهرَمانِ في ليْلٍ
طَويلٍ
يا هولِ فِردَوسُكِ المفقودِ في الأرضينِ
يا أنتِ
وَجهٌ صَقلهُ الرعدُ
وتَناهَبتهُ تَنانينُ البرقِ والريحِ
الخَفوق
على المَدى المحروسِ
كلما
افْتَرقْنا في وعْرَةِ الدروبِ
يَتَقاسَمُنا
الحَنينُ كما وليمةٍ من
أشواقٍ
صلصالها قلبٌ من فؤاده اللدونِ على الأسوارِ
ينتظِرُ

6

يا لَهَولِها
وعولُكِ الضَالاتُ حينَ
تَمَكُثُ
في الكَهرَمانِ

مِزقاً
مِنْ بَريقٍ ورايةٍ من الضجرِ المبينِ
سَأبتَدِعُ
الصَخَبَ بينَ راحتيكِ وأسْجُدُ
واقفاً
في محرابِ عينيكِ
للذُهولِ
وأنقُشُ بأزاميلِ الحيلَةِ على
بَيضةِ
الأنوقِ نَشيدَ إنشادِ حيرتي
المسكوكةِ
ثمراً على غصونِ زَهرَةِ الخُلودِ
مُذْ
كانَ الأليفُ يَهطِلُ
هامِساً
في أُذُنِ الضَّوءُ اندَلَقَتْ
ثرثرات
المضاوي على مراياكِ
إني
رأيته بعينِ البصيرةِ على خَزَفٍ

العَمَاءِ
ينادي قُبْلَةً حائرةً بين الرضابِ حيناً
وحيناً على معاسلِ
العُنُقِ

•

لُهاثُ المُشتَهى

سَقْسَقَ
الطَيرُ فَنامَ الحَجَرُ
وهَسِيسُنا
المَدْحورُ سِربُ فراشاتٍ أشعَلَها
البَصرُ
في النَفيرِ الصامِتِ لبَياضٍ المحنةِ
المَشْدودِ
بُهرُجاً
بُهرُجاً
تَقتاتُ الريشَةُ البصيرةُ
لونَ
دَمي على حَفيفِ الشَجَرِ
وخرير
الماءِ في النَّهرِ
غَدائرُ
من رُخامِ الصُبحِ ومَرمَرِ الضُحى

أُحاجيكِ
يتُها المُخَضَّبةُ بتَرَّهاتِ الفَجرِ
وكَمائِنِ
الترائبِ وفِخاخِ الصَّلصالِ
الفريدِ

***

يا أنتِ
عبادُ شمسٍ تُشرِقَنَّ على الصّورِ
العَتيقِ
أَيْكَةُ الحَيرانِ
أنا
بينَ البَصيرَةِ والبَصَرِ
جَوابُ
الحيلةِ العمياءِ
ولُهاثُ المُشتَهى عزيف بَهْمَةُ المعلومِ
أوتارهُ
مشدودةٌ على لسانِ قَيثارةِ الحَجَرِ
الكريمِ
خِمارُ الليلِ يا آسرتي
ذُيُولُ سَناجِبٍ

مُضَرَّجاتٍ
بثُغاءٍ
أَيْلِ التِلالِ ومَحْظِياتِ الهاوِيَة
أَعْناقُ
الطَيرِ الطَوْيلَةِ حانِياتٌ على الماءِ
لا بأسَ
يَتُها الحَدَآتُ اللواتي لُهاثُكُنَّ
القُرْمُزيُّ
صُنُوجُ العُذوبَةِ
وسَلْسَبيلُ الكَمائِنِ
حَيثُ الشُرفاتُ أَرْخَتْ سُدولَ يَخَاضيرِها
وَرْداً
إثْرَ وَردِ
رَخيمَةٌ تَنسَلُّ مِنْكِ
الآهُ
عَزيفُ مَثاقيلٍ كَمالِها
إصباحٌ
لا لَيْلَ بَعْدَهُ ولا مِنْ قبله
اصباحُ

***

هَواؤكِ

المَفْتونُ بِكمائِنِ الوَردِ

نَميمَةُ

الذَهَب على مَفازَةِ العُنُقِ

كَيعاسيب

اليقين الجليل

ودُعاءِ قَلبِهِ المغْسولِ بِضوءِ الشَّكِ

ألاَ

لأُقبِلَنَّ فاهَ الرَجاءِ على أُمِهِ

اللمْياءِ

قَلبي مَأْدُبَةٌ وذِراعايَ مَوجُ

السَيْلِ

إنْ هَمَّ عاكفاً يقرأُ فاتِحَةَ

العَراءِ

على النَّهرِ وجلالةِ الينابيع

والماءِ

***

لا تَسْتأخِري

قَتلي فوقَ النهدِ

ألا

فلتقتُليني قَبْلَه بالْقُبَلِ
قِرْطٌ
لآذانِ القَمَرِ وخُزامى
لنَجمَة
الصُّبح حينَ تَطُوفُ
أنوارها
بينَ مضاوي أخواتها السَّبعِ

***

لا بَابَ
للأنْهُرِ وَلا شُباكَ من فؤادِ الينابيعِ
ينادي
على الزرقةِ مِنَ البَحرِ إلى
البَحرِ
بَرْزَخُ العَينِ ما انفكَّ
يندُّ
زرقةً فوقَ المدى وسِجالَ
لَحْمَحَمَةِ
الروحِ حينَ بالأناشيدِ العشْرِ
تَفيضُ
على مَشارِفِ جُنْحِ الفُلْكِ

رِيحُ
المَجَاهِيلِ تنادَتْ مِنْ أتونِ عَصْفِها
المَأْكولِ
أفخاخُ اللهِ على صدرِ الحَجَرِ
رِيشُ
جَناحٍ نازِفٍ يَرفُّ على أزيزِ
الحَصى
ولا فوقَ مُسْتَقرِه يُحُطُّ أو
يطيرُ

✹✹✹

كما
حُجِجُ المُلتاعِ ونداءاتُ الغَلَسِ المبينِ
أراكِ
فوقَ دَرَجُ اللونِ حانيةً من عُكوفِها
تبوحُ
من أرينِ قلبها لحدائقُ بابلَ المَعَلقاتِ
وكِعابِ
أيْلٍ شَرودٍ خَطَّهُ البَصَرُ رايةً على الشُّرُفاتِ
والمُروج
يا رَبَةَ الرَمل وشَخيبِ حَنجَرَةِ
المُشْتَهى

خِبائي بَينَ ذِراعيكِ مَوْتٌ
رَحيمٌ
يَقتاتُ عُذْريَةَ السُّهوبِ بفمِ الحَجَرِ
المُبينِ
براهينُكِ يَواقيتُ السابحاتِ مِنَ النُّجومِ
وأسرارُكِ
الغافياتُ عَسْعَساتُ الصُّبْحِ من شُبّاكِ
الفُيوضِ

❋❋❋

أيكَةُ
الكَرَزِ المَنسيِّ على أمِّهِ الغُصنِ
أنتِ
ومَهاميزُ العِصيانِ بينَ راحتيكِ تُفاحَةُ
المشيئَةِ
وعرجونُ نخلةٍ أدركتها السنونُ والخافياتِ
سَأقْذُفَنَّكِ
بِتِسْعةِ أشْهُرٍ مِنَ الشَهَواتِ
وأبْلُغَنَّ
حَمْأتي كَطُيورِ اليَنابيعِ اللواتي
يَنْسُجْنَ

أعْشاشُهُنَّ في مَتاه الأخاديدِ
ورجومٍ
الأحجارِ الضَّالاتِ
كَما
قَيْلولَةُ الخَيالِ في الظَهْرِ
نَفْخَةٌ
في الصُّورِ العَتيقِ أنفاسُكَ
يا الله
أَرائِكُ زُرقَةٍ خَضَبَها الشَفَقُ
بخُشوعٍ
سورةِ العَندَليبِ وقصارِ السُّورِ
الغَريداتِ

•

ظِباءُ الفِردوس

1

هي
الخُصومةُ
ضَريمُها غَلَسُ المُقَلِ
هيَّ
جُرْحٌ كُلَّما آويتُهُ استَباحَني
الوَجْدُ
في حَضرَةِ اليَمِّ وقضَمَتْني الزُّرقةُ
غَسَقٌ
يَستَوضِحُ صورَةَ الكُتمانِ حَيثُ
الخَلاءُ
حَمادُ ضُحى الشُّرفاتِ وأنيابُ الظَّهيرَة
حينَ
تطْعَنَنَّ بِرؤوسِها المُستَدِقَة
حِبالَ

حَناجِري وقُبَّعَة قَطَاةِ
خَيالاتي

2

بُحَّتي
مِقْصَلَةُ صَيْحَةٍ في الصّورِ العَتيقِ
أَنْثُرُها كَما الماءِ على الضَّفيرَةِ
الجَذْلاءِ
قِنديلُ وَسَنٍ لجوجٌ في نَشْوَتِه
يا أنا
الذائِبُ فيكُنَّ حَيْرَةً إثْرَ
حَيرَةٍ
تشدُّني الريحُ بأصابع عصوفها عنكُنَّ
وأنا
الـمُعْتَصِمُ بِجبالِكُنَّ
يا ظِباءَ الفِردَوسِ الكَلِيماتِ

3

سَأشْحَذُ
مُدْيَةَ الليلَ
على لِسانٍ مِنْ رُخامٍ

النَهاراتِ
خِفاقاً تَنِدُّ يا قَلبي الضِليلِ
بينَ
مرامِر النَّهدِ والنَّهدِ أُخْدودُ المتاهاتِ
هي ذي
أجراسُكَ تَقْرَعُ الحَينَ على أُشُدِه
فوقَ ضِفافِ الدُهورِ
والأشْواقِ

4

ظِباؤكِ
الشارِداتُ في دَمي
تِلكَ اللواتي مُهِرْنَ الدُّهورَ بنُقوشِ
الأزَلِ
إنّهُنَّ
أمْشاجُ حُروفِ الظَمَأِ
يَقْرأنَ
سورَةَ الداخِلينَ وآيَةَ الخارِجينَ
وما تَيَسَّرَ
مِما تَيَسَّرَ مِنَ صِحافِ السُّورِ
خَلائطُ

أَثْمَلَتْ دِنانَها فكَانَ الدَهرُ أقحوانَةً في العَراءِ
ودمعةً مهراقةً في المُقلِ

5

يتُها
المُتَرَجِلاتُ عَنْ صَهْوَةِ الأُفُقِ
ناحياتٍ
صَوبَ مُنْحَدَرِ الكَمائِنِ وجُلَّنارِ الحَنينِ
هِبوني
قَليلاً مِنَ الفَيضِ الغَدوقِ
بعصْفِه
ومَوجي زُرْقَةً ونَوارِسُ على الضِّفافِ
تتسَكَّعُ

6

هو
الماءُ لجَوجٌ كروحي يا نداءَ الله
أنتِ
في عشبه النَّدي بين المُروجِ

بَساتينُكِ الرَحيمَةُ وظِباءُ فِردَوسِكِ
ها هنَّ
احْتَجَبْنَ كاحْتِجابِ النَملِ عَنْ سورَتِهِ
المُبينةِ
وكَما يَقينِ العَرّافِ مُعْتَكِفاً في ظِلِهِ
الوَلهانِ
يَجُزُّ البَياضَ النَشْوان مِنْ هاوِيَةِ نِسيانِهِ
الثَمِلِ

7

حَرْثُكِ
المَصكوكُ على جُلودِ الفُهودِ
جَدَلُ
المُتأمِّلِ في حَيرةِ الطبائع وخَيالاتِ
القَنائِصِ
هي طَعْنَةٌ في المَقْتَلِ يا سَمَنْدَلُ
سَأسْتَحِمُ
بالمُتَعاقِباتِ مِنكُنَّ ياظِباءَ الفَراديس
المستلقياتِ
بينَ الينابيعِ الدافقاتِ والأنهِر

8

ياوَريثاتُ

ارْتَدينَ العُذوبةَ ثوباً
مُضَمَّخاً
بجِنانِ اللهِ والهِضبِ اللواتي
كما
النَّهدِ إلى جوارِ النَّهدِ شوْقاً لمناقيره
يتَضَوَّرُ
أنْسَلُّ مِنكُنَّ عارياً مِنْ صَوتي الأجشِّ
أجُرُّ
مِنْ خَلفي وميضَ زَوابعِ البَنفْسَجِ
والزَعْفرانِ
وما تبقى على الشفاه من القُبَلِ
وَلَا أجعَلَنَّ
شَريدَ بَصيرتي في ارْتِطامِها المَحْموم
خاتِمَةً
المَهَبِ وَوَمْض وَعيدِ أقْحوانَةِ
الحَدَآتِ

9

مَولايَ
لُهاثُكَ القُدّوسُ كَما لُهاثِ
الحُوتِ

في عُبابِ لَجيجِهِ المُصطَخِبِ
أَمْهِليني قَليلاً
عِنْدَ أُخْدودِ الحَيرَةِ وَرُمّانِ مناقيرِ
الوردِ
لاتَبْتَعِضي مني ولا ترتدين لهاثي
فوقَ
مراياكِ السَّبعِ
ها أنا شوقاً إليها أَنْتَحِبُ
للريح بُحَّةٌ
كَما لِسنابكِ الخَيلِ
عَصيفها
حينَ على الأرضينِ
تَدُبُّ

10

غَريقاتٌ
ظِباؤكِ في نِداءاتِهِنَ صَرْخَةُ
النَّأَمَةِ
في مَراحِ فِرْدَوسِ الجَسَدِ
هو الحُلُمُ
القَيومُ يُمْهِلُ حُجّةَ البُرهانِ العَليلِ

قيدَ أُنْمُلَةٍ

بِعِرْفانه الضَّليلِ

سَجْدَةٌ مِنْ ماءٍ وَرَكعَةٌ مِنْ طينٍ

مَديحُ

الدَهرِ أنتِ يا ربةَ الماءِ بين حَجَلينِ

قَوسُ قُزَحٍ ظِلِّيل

وبَساتينُ الله الواسِناتُ في العينِ

كَأني بِكَ

هَياجُ قَطيعٍ مِنَ الإوَزِّ

يَكتَظُّ

فيكَ وعْلُ المكيدَةِ

مُتَرَنِّحاً

بأجراسٍ

خَطْواته الثِقالِ حين من الهِضَبِ

تَدَّحرُجُ

عِصْمَةُ الفَراشاتِ

للطائرِ
خَفْقٌ كَما القَلبُ
عِصْمَةٌ للفراشاتِ
وفِراءٌ لِضَوءٍ سَكينةِ الوَجَع
وَحيداً
في عُرْجونٍ نَعاسِهِ المَخْفورِ
بهُراءِ
الصُّحُفِ وثَمالَةِ الحِبرِ حينَ من صمته يقولُ
للضَّجَرِ

***

يُّها الذاهِبَةُ
في الغياب إلى آخِرِهِ
للقَلبِ
بُرْهَةٌ مِنْ حَنينٍ
وأنا المُنْشُدُ في السُرادِقِ المَسْحورِ

مَصْكوكَ

النُّطقِ بالشَّذَرِ الهاطِلِ

مِنْ عَراءِ الشَّفَتينِ

مُعَمَّدَاً

بِزَرَدِ الرَّملِ وصَحافِ أقْفالِ

البراري

وغَدائرُ الطَّعناتِ فوقَ الأسوارِ

والمُهَجِ

***

شَميمُ الصُّبح أنتِ

إذ

يَنْدَلِقُ سِرْبُ هَزارٍ مِنَ السَّماواتِ

كلما

تبدى العاجُ مِنْ فيهِكِ وفَرَّت من اللمى

الابتساماتِ

يا ذاتَ القِرْطِ المُعَلَّقِ على شُبَّاكِ

النداءاتِ

مَحْضَ وَهْمٍ يشدُّني إليكِ شَدَّ

السهمِ

على الوتِرِ الرَّشيقِ من محياكِ

***

خَيالُ

الطائرِ في جَناحَيهِ

رفيفُ

مجازٍ وخَفْقٌ لتَأْويلِ

حَيثُ المَدى

المُمتَدُّ

لُجَّةً إثْرَ لُجَّةٍ

ومَوجَةً إثْرَ مَوجَةٍ

وغَيمَةً إثْرَ غَيمَةٍ

وقُبْلَةً إثْرَ قُبْلَةٍ

يا يَراعَها

المسكونَ بِبَتلَةِ النَخيلِ

اقتلني على صدرها بمزيدٍ من

القبلِ

***

أصابِعي

مَنْذورَةٌ للريحِ

أجُرُّ

مِنْ خَلفي مَواقيتَ الرَمْلِ

كما السَرو
أتْلو الفَينةَ على الماءِ بَعْدَ الفَينةِ
أسواقُكِ
اليَخاضيرُ عُشْبةُ الله
بِتَمامِ
أسمائِها الحُسنى وخفقِ
جنحِ
خطاطيفها المنذوراتِ لعَتَلاتِ
الرَعدِ
وللرِقابِ الحانياتِ جَلالةً لمضاوي
البَرقِ

***

يُقاسِمني
سُدولَ لَيلِكِ نَأمَتي
الفَيحاءُ
وها أنا
على العَراءِ الجَليلِ
وقد
تناهبتني مرامرُكِ
الصَّقيلاتِ

مِن
عشوشِ الغواياتِ السَّبع
وئيداً
وئيداً
ومن مراحِ نشْوتي الغيداءِ
أعُدُّ
نُجومَ أرْخَبيلِ ابتسامكِ من ذهولٍ على
الوَجَناتِ
يا هولها تلكَ اللَيْلَةِ
الليلاءِ
بيارةٌ جاورتْ
يُخاضيرَ أيكاتِ الله بين الأرضينِ
والسَّماواتِ

***

عَرَّافةٌ
العُرجونِ في غَيبةِ النَخلةِ التي
رَفَعتْ
صَحائفَها من سِعافِ الظِلالِ إلى
الظِلالِ
هو الشوقُ مَواثيقٌ أنْهرِ

ووصايا
من ماءٍ تصلي على الماءِ
عَويلُكِ
يا عَرافَةَ النَهرينِ
بَهاءُ المُصّاعِدُ من الحَجَرِ الكريمِ
بمضاوي
ياقوته وهَسيسُ مَزاميرِه التي خفيقٌ
راياتها
على الشُرُفاتِ يصطخبُ
أقحْوانَةٌ
الموشِكِ على الغيابِ مراياكِ الرّائياتِ
خَليلاتٌ
العَصْفِ في مُجونِ الرَعدِ
وبَيلَسانِ
البَرقِ الجليلِ في طيّ
الخافياتِ

✸✸✸

سَنُرتِلُ
عَماءَ الشَّوقِ نَحنُ العاشقينِ أنا وأنتِ
على مَوائِدِ

البَصيرةِ
صلاةً في الضحى تندُّ الحنينَ
وصلاةً
كلما الليلُ بينَ أنجمه يعسعسُ
ونَرْثي
الحَجَرَ بالحَجَرِ عِندَ مَضائقِ
غُصونٍ
تدلت كما الثمارِ منها أعشاشُ قُبّراتِ
الوجَلِ الأليفِ

⁕⁕⁕

كَخَزّافٍ
أُميطُ اللثامَ عَنْ دِناني وأُدَحرِجُ
الخَطوَ
مِنْ جُلنارِ روحي صهيلاً
بينَ
الجهاتِ العشرِ يتلوه الصهيلُ
وأوقظُ
تَرائبَ عِظامي مِنْ
غَفْوتِها
على سريرِ عجبِ الذَّنَبِ الجليلِ

وأعدُّ
كما ممسوسٍ مثاقيلَ حيرتي
فَوقَ
نَهْدَيكِ اللذينِ حَطَّ
الطَيرُ
على مناقيرهما وما عادَ
يطيرُ

***

أصابِعي
سَلِيْلات وعولِ المَدائح عاكفاتٍ
تُسَبِّحْنَ
فوقَ النَّحرِ بِحَمْدِ البَياض
ترنُّماً
فوقَ محاريبِ السُّفوح البَضَّةِ
واللائذاتِ

رِداءُ الله
ووِشاحُ مَكائِدِ المُمْكِناتِ
أنتِ
لا سواكِ

يا أُرجوانَةَ
الغَلالاتِ العَذْبَةِ للزَعْفَرانِ وللبساتين
المعلقاتِ

***

حَيْزومُكِ
غَفْوَةُ النَهرِ في سَريرِهِ
حَيثُ
بَرْزَخُهُ البَدْءُ ومُنْتَهاهُ
ويَنِدُّ
ابتسامٌ مِنْ بَينِ اللمى محروساً
بالعاج
تَفِرَّ أَسْرابُ فَراشاتِ الروح
كَما
رَفيفِ الأَهْدابِ على الوجناتِ
بَدَداً
تَجوبُ العَينُ تُخومَ حَيرَتِها
يا نَجْمَتانِ
مِنْ دَمي
ويا نَخْلَتانِ
بَينَ أصابِعي تراودني على الرطابِ

غَيرَ أني
سِأولِمُ الأرضَ لِصَرخَتِها
وأهْتِفُ
لِلْتَقْتاتُني قُبَلاً ومزيدٍ من العناقِ
وتَقْتُلُني
وأنا النشوانِ بمسلاتها العشرِ على
الشُّرُفاتِ

●

خَيالُ الحَجَر

1

العَذبُ
خَيالُ الحَجَرِ
وكمائنُ
الصَلْصالِ أَشْراكٌ لنَجْمٍ هَوى
بَينَ راحَتَيكِ
وغَفَر
وَرَقُ العَرائِشِ أراضينُ
الهَوى
يَومَ استَمالِ الريحِ أَيْقَظَهُ
المَطرُ

2

يُطارِدُني
عَبيقُكِ الوَردُ

فَأُصْغي
إلى نُعاسي بَين حَجَلَينِ عَطشى
أُدَحْرِجُ
غُيومَ القافيةِ مِنْ عَلٍ فيسبقني
النشيدُ
إلى متاهة أناشيدَكِ
العشِرِ

3

مينائي
وَمَرْساتي
ومِعطَفُ ظَهيرَتي
أُفُقي
الحَجَريُّ وخَفْقُ أعْلامِ
قلبي
من فؤاده على الشُّرفاتِ
مَشيئةٌ
أجنِحةِ المَثاقيل خَلفَ التِلالِ
سَبعةٌ فَراسَخَ
حِسابُ العدمِ في الكَمالِ
الناقصِ

4

والريحُ

تَحمِلُني بِعَصفِها خَلفَ أشْتاتي

هي ذي

أصابعُ البَرْقِ تَطرُقُ

بَوابَةَ

الوَسَنِ في المَدى

المُنْداح

أناشيدُ الظِلالِ أسرارُ

الهَوى

حَرائقٌ بين مواقِدِ الأرينِ والفؤادِ

أشْعِلْنَني

يا ثَوْرَ السَماءِ

بُروقاً

رُعوداً

وأدْرِكْنَني هُطولاً

كَما

المَطَرَ الحَبيسَ

بَيضُ السَمَنْدَلِ يَسْتَحْلِفْنَ الحَطَبْ

إني أراه

في حَضْرَةِ النارِ ولِسانِ الهَسيسِ

بالدَمعِ القُدّوسِ
وسَكْرةِ العَينِ
لامَسْتُ ظُنونَ الماءِ على عَجَلٍ
بالماءِ

5

ولقد
نَحَرْتُ النارَ مِنْ لُهاثِها
الثَمِلِ
وَوارَيْتُ مِرْآةَ الدُّهورِ في
جُيوبِ
أفلاكِها الأبَدِ
حَطَّمْتُ
دِناني على حافّاتِ اليَنابيعِ
وأسْلَمْتُ
شاهِدَتي الرُّخامَ لِسُنْبُلَةٍ
تاهَتْ
عَنِ الحَقْلِ بينَ الترائبِ
والحجرِ
رَجَمْتُ بِأقْفالِ البَحْرِ حوْرياتِ
زُرْقَتِهِ

وعدَوْتُ عَدْوَ أيائلِ السهوبِ
خائِضاً
في عُبابَ العَصْفِ بسفائنِ
الريحِ

6

كَما
السَديمِ المخادعِ في زُرْقَةِ البَحْرِ
عينه
الملساءُ رايةُ المُبْصِرِ
هي النونُ
عَيْنُ الحوتِ والنُّقْطَةُ نِداءاتُ
الجَسَدِ
أفْخاخُ الفَراغِ وَضِحْكَتُكِ
الموشاةُ
بِلُهاثِ الأرْضِ المُشْتَهى
وزَعْفَرانِ
السَواقي بينَ راحتيكِ رَعْدَةُ
صَباحاتٍ
حَيْرى كَسُلَّمِ مولوي
يصعدُ

نحو السماواتِ بِلا عتبٍ
ولا أُذراجٍ
من نجومِ المجراتِ

7

كَما يَنْبَغي
يا نُجومَ الخُطى وَثْبُ
الهَديرِ
أيامُ الدَّويِّ عشرٌ هائجاتٌ
هَياجِ الطواويسِ
مُسْرِفاً
في نَثرِ العُيونِ فَوقَ مَناقيرِ الكَراكي
الزّاهياتِ
وأنتِ يا آسرتي فُسْحَةُ الله
ورَيْعانِ
سُطوعِ الأرضينِ وليلها في
السماواتِ

8

تِلكَ
المَشيئةُ ميزانٌ أُحْرَقُ

دَثَرهُ
الصَدأُ فَأَقَامَ العَدْلَ مَنقوص
الموازينِ
كَأَنَ الهَبَاءَ ثُلَّةٌ مِنْ
أَنْجُمٍ
ساقَتْها الكَواكِبُ نَحوَ الظِلالِ في
المجرّاتِ

9

ما نَحْنُ
إلا نَفيرٌ مَنْذورٌ
نَلْسَعُ خَدَّ الأرضِ بِغُصنِ
رُمانٍ
عَلَّ المَاءَ يَدُلُّنا على المَاءِ
هو ذا
هَرْجُ الأنوثَةِ طَيْشٌ مِنْ
كَهْرَمَانٍ
يَدُلُّ اللَّيْلَ بِعينِ مضاويه عَلَى
القتيلِ
هو ذَا أنا
أَشْهَدُ لَحظَةَ مَوتي بَينَ

راحَتَيكِ
وفي المِرْآةِ المُعَلَقةِ على جِدارِ قَلبي
أرى
قَهْقَهَةَ الأَزَلِ تَسْتَعيدُ
حُقولَ
زَعْفَرانِها من عينِ البَرْزَخِ
بَينَ الحَقيقَتينِ
رَأَيْتُ
خُيولَهُمْ تَعْدو كَوعولِ الغَيْمِ
يَحْرُثونَ
الزُرْقَةَ بأَصواتِ صَليلِ
سُيوفهم
ونَحْوَ الدُروبِ إلى نَجْمَةِ الثُرَيا
ها هم
إني أراهم بعينِ القلبِ
يصعدونَ

•

سَلالِمُ الحُلول

والْيَمُّ
إذا تَشَهَّى ما وارى القَلبُ
وما أَخْفى
يالنَهرُ
أناديكَ بأسمائِها الحُسْنى
أَنْ
تَهزَّني بِسَريرِكَ الطِّين
وتُدَّثرَني بِمائِكَ
وَتَدْعو
أكُفَّ رَوْحِكَ كي تُهَدْهِدَني
إني
أنامُ على وسائِدِ
مائِكَ
مَبْهوراً بأشْجارِ النَخيلِ
حينَ تَخْلَعُ نِعالَها
وَقْتَ الصَلاةِ على ضِفَّتَيْكَ

الجليلتينِ

٭٭

هَمَسَتْ
قَبْلَ حينٍ في أُذُنِ الصَّمْتِ
وكانَ
الصمتُ رَجُلاً مِنْ فَيءٍ وماءٍ
أوْصَدَتْ
شُبّاكَ النَّهْدَينِ
بِخَمْسِ زَنابِقَ مِنْ بُسْتانِ
راحَتَيها
ثُمَ اسْتَراحَتْ على أرائكَ مِنْ استبرقِ
العَراءِ

٭٭٭

هَلّا
اغْتَرَفْتَ مِنَ الغَيمِ بَياضَهُ
الداكِنَ
وأمْطَرْتَني مِنَ الغامِضِ زُلالَ
النَدى
وأشحتَ عن وجهي
البَسيمِ

نثاراً من ليلةِ القبلِ
بالأمْسِ
ولَجْتُ حَيرةَ السَّفائنِ
الرّاسياتِ
على الميناءِ القديمةِ
جَعَلْتُ للريح أصابعَ
وللعَصْفِ
اجْتَرَحْتُ المَساءَ
هوَ ذا
اليقينُ مَعابرُ للشَكِ في
مَراياكَ
يا لَشوقي المجنونِ لكَ
يُها
المشوقُ لقلبي الضَّليلِ إنْ
تاهَ

❋❋❋

سُلَّمٌ
حَجَريٌّ لتَشوّفِ النَدى
ذاكَ
المُسْتكينُ رَقْراقٌ

كَوصايا
مِنْ ماءٍ على أَسِرَّتِهِ الخُضْرِ
يبوحُ
ذاتَ عَزيفٍ
مِنْ خَلْخَالِكِ المُرَقَّطِ بِرَقْصَةِ
الحُلولِ
تنادتْ على وقع لهاثِنا
أيائِلُ الله
بلسانِ ثغائها القديسِ ونامتْ بينَ
راحَتَيْكِ

❋❋❋

مُذْ
مَرَّ الجُنْدُ بسيوفِهم ورماحِهم
اعْتَمَروا
قُبَّعاتِ خَفاء أُشْباحَ
الليلِ
بعدما عَمَّدوا ظَهيرَتي أميراً
صوفياً
ثُمَّ خَبَّؤُوا عِنْدَ النَخْلَةِ
الباسِقَةِ

أسرارَ مُحيَّاكِ
نِداءَ
لوزِ العيونِ الحوراءِ

❊❊❊

هي ذي
النَدامَةُ ذِئبٌ يَلْتَهِمُ ما تَبقى مِنَ
الحَنينِ
بينَ القلوبِ الخافقاتِ
فبأيِّ
آلاءِ الظُنونِ تَعودُ إلى راحَتيَّ
يُها الظَليلُ
الذي أشْتاقه كلَّ حينٍ حرائقَ
أشْعَلَتْ
هَشيمي حينَ داهَمَه النِداءُ
النَعوسُ
تلكَ وحْشَةُ روحِكَ الشَحيبَة
مُضمخةً
بِنُبوءاتِ وصايا الضّياءِ
يُها
القُدّوسُ الذي أخذتكَ سنةٌ

النومِ
يارَبَّ قَواريرِ الغَيهَبِ والغيبِ
إملأ
راحَتيكَ بِنَهديَّ
فظَلامُ اليَخاضيرِ سَيافُ
قافِلَةِ
الأُرْجوانِ النائمِ يقظاناً على
المَناقيرِ

***

هي حَرْبُكَ
الضَروسُ على أَدْراجِ الصَّدْرِ
مُنْهَزِماً
كُنْتَ أو مُنْكَسِراً
لا لِسانَ
يَهْدُرُ الحَرْفَ فَوقَ الهِضابِ
إلاكَ
لَمْ يَكُنْ مِنْ بُدٍّ كَأني أوَلُ
الكلِماتِ
وأواسِطُ اللغَةِ العمياءِ
حَيثُ

القِرْطاسُ البَكيمُ يَصْفَعُني

فأَقولُ

ما لم تَقُلْهُ حَمْأَةُ الحَنينِ بين النَّهدِ

والنَّهدِ

***

وَيْحَها

صَرْخَتُكِ المُتْرَفَةُ

رَهَنَتْ كَفَّيكِ لأَكُفّي

كَما

رِهانِ النَهْرِ على نَواعيرِهِ الحَجَرِ

نَهارُكِ

غُلامُ شَمْسٍ لَقيطَةٍ

أَشْعِليني

حرائقاً

وكَلِّليني بالغارِ

يا ربةَ

النارِ وجَمرِ المواقدِ

اللاهباتِ

●

مَرايا لِقُبَّرةٍ لا تَنام

1

واللَيلُ
في شَعْرِها
كلَّما
خَضَّبَهُ نَوسانُ الصُّبحِ
اسْتَدَقَّتْ
جُسومُ الفُلكِ مِنْ أعناقِها
ونامتْ
فُلولُ الأقمارِ من حيرتها على أعتابِ
المجرّاتِ

2

لِيُطْحَنَنَّ
الليلَ قلبي برحى
الشوقِ

فوقَ أدراجِ صُبْحِهِ ذو المشارقِ

ها تِيكِ

مَرايا النَدى وقَواريرِها السَّبع

الغَدوقاتِ

ذا فيهكِ مرايا حمأةِ

الهِنْدِباءِ

بين تيه الترائبِ

واليَنابيعِ

3

غَيرَ أني

مُذْ تَلا الحَجَرُ على الحَجَرِ

وَصايا الرَمْلِ

طَعَنْتُ البَحْرَ بِهُبوبِ رماحِ الزَعْفَرانِ

الجليلاتِ

واحْتَسَيْتُ الغِوايَةَ مِنْ

جُلَّنارِ

قَلبِها المضمخِ

بالرّاياتِ

يا لأدراجِها المَرْمَرِ الغاوياتِ

كَأنَّ

حَفيفُ الروحِ عَصْفٌ أخرَسٌ
ينادي
على الشَّوقِ بأصابعه
الضَّليلاتِ

4

دَعيْه
يَغْفو قلبي الحَيرانُ
بَينَ
أسْرابِ الكَراكي وَلُهاثِ الظِباءِ
النَّكوراتِ
ولْتِضُمَنَّكِ سُهوبَ روحي
شَميمَ
قُبلَةٍ أو ضَميمَ عِناقٍ
يغفو
على الغُصونِ طائرُه الحيرانِ
وأنتِ
يا سَليلَةَ الشَّجَرِ القديسِ
النائمِ
باسقاً في الفراديسِ والأيكاتِ
أنْفاسُكِ

زَعْفَرانُ البَراري
وقِيافةِ
الحُقولِ بيخاضيرها الغافياتِ فوقَ
المُروج

5

أوَّاهُ
مِنْ قَلبِكِ الثَمِلِ
يهَبُكِ
العُرْجونُ عناقيدَ أرطُبِه المعلقاتِ
كما
شَفَقٍ مِنْ سَماواتٍ
ولُهاثٍ
مِنْ جُيوبِ الغَيمِ المُضَرَجُ بالزَيزَفونِ غزيره
ينخُلُ
تَقتاتني غِبْطَتُكِ النشوانةُ وتحتسيني
بكُؤوسٍ
مِنْ لازَوَرْدٍ وَقْتَما يَرتَديها
العليلُ

6

سُباتُكِ

يا رايةَ الوردِ في الحقولِ
وأنتِ
مُذْ كانَ النَشيدُ غُبارَ الطَلعِ
كنتِ
وكانَ الهَسيسُ
مَواقِدَ نارٍ
يَحوطُها
الآجِرُ بحرابِ النَّبيلِ
وحَرائِقٌ
أشعلتها حيرة النَدامى
وسُمّارِ الحانِ
العتيقِ
هو ذا
مَوقِدُكِ الأولُ
لهاثُ هَزيعِ ليلةِ
الأمْسِ
التي مراثيها حرائقُ موقِدُكِ
الأخيرُ

7

انْثُري

سِفْرَكَ على مَوائِدَ مِنْ سَراب
البَحرِ
وَأوصِدي بَوابَةَ نَجْمَةِ
الصُّبحِ
بِأقْفالِ البراري وتيهها القيومِ
يا كَلِيمَةَ
الليْلَكِ على أمِّهِ
الليْلِ
ويا اشْتِعالَ البَياضِ
في الياسَمينِ
طاغٍ بَهاءُ محيّاكِ
وأنتِ
كينونةُ الكَمائِنِ ثمراً يتدلى على شَجَرِ
النهارِ

8

وَيْحَكِ
يا قُبَرَةً لا تَنامُ
سَأنْهَضُ
مُتَكِئاً على مِسَلَّةِ الغَلَسِ
وأرْجُمُ

بالنَدى الفَيْحانِ
جِيادَكِ الصاهِلاتِ
وَأُهْرُقَنَّ
رِئَةَ الغَيمِ مِنْ جِيدِها
الحَيرانِ
ابتسامكِ الذي يَنْهَمِرُ كَما المَطَرِ
أوْقِدي
على شَفَتَيكِ المُعَمَّدتينِ بالجَسَارَة
ذاتِها
كُلَّ القُبَلِ اللواتي
أودَعْتُ
جِمارَها وجنَّتَيكِ وسلامِ العنُقِ
والعناقِ

9

هِبي
زَعْفَرانَ سِرِّكِ العَصِيَّ
لِقوسِ قُزَحٍ
مِنْ بَساتينِ الغَيمِ التائهاتِ
واهْمُسِي
في صَدْرِ مَرْثِيَةِ الثُرَيا

حَكَايا
الحَنينِ وحَمأةِ صُعودِهِ الأوَلِ
على الشُّرفاتِ
وأنا الذي يحصي
بَيارِقَ
لَيْلِكِ الهَموسِ فوقَ النَّحرِ
قطاتانِ
انْحَسَرَتْ عَنْهُما حَرائرُ الصَّدرِ
فأَجْفَلَتْ
بإشراقهما أيائلَ النَّجْمِ الطارقِ في
سَماواتِ الله

10

هُما
قُبَّتانِ
مِنْ مَرْمَرٍ
يَعْسُلُ فِيهِما العَبيقُ
الثَمِلُ
نُثارُ حَرْثٍ أجادته مَحاريبُك
العَشْرِ
المُدَماةِ بالشَّفَقِ الذي يصلّي على

مقامِ

الغلسِ الجليلِ بَينَ راحَتيكِ

الزَنابِقِ

ويحنو حنوَّ الملائِكِ

فوقَّ

معاسلِ الرضابِ عاكفاً وهو

يستَغْفِرُ

11

يُها الوَلْهانةُ

بالضّوءِ كَما نَجْمَةِ الصُّبح

روحُكِ

ماءُ سَلْسَبيلٌ

فَأَيقِظي

فيهِ صَباحَ وَرْدِ الأصابع

وَيْحَكِ

هِبيني

رايَةِ جُنونٍ لِزِحام حَيرتي

ولا تَكُوْنِنَّ

سَبّاقَةً وَلا مُنْتَظِرَةً

في

عَتْمَةَ الدُّروبِ
يُها اللجوجَةُ
اعْلَمي
إنَّ ثِمارَ بَساتينِ يَقينِكِ شُكوكُ
الطَريقِ إلَيكِ
وأنتِ الماءُ والماءُ
أنْتِ

12

وأنا
غُلامُ البَحْرِ الضَّالِ
وبُكاءُ
غَيمَةٍ حائِرَةٍ
مرادُها صوفٌ حَاكَ شِباكَ
عَناكِبِهِ
الحَلاجُ المَصلوبُ على
فزَّاعَةٍ
عَصافيرِهِ في الحُقولِ
سأُحَدِثَنَّ
اللازَوَرْدَ عَنْ أَجْراسِ العَراءِ
حينَ يَنْضو خَمائِلَهُ

وَقْتَ
يَسْتَسْلِمُ الجَسَدُ لِزَمَرِ أَقْفالِهِ
ولا يبوحُ

13

هي ذي
سَلاحِفُ مُرادَيْنا
قَطَعَتْ
شَوْطَ الطَريقِ إلى ماءِ الحَرائِقِ
حَنينَ نَجْمَتينِ بالأَمْسِ
كانَتا
على صَحْنِ خَدَّيْكِ تَغْمُزانِ
هي روحي
سُرادِقُ حَيْرَةِ الغافِلِ ونُعاسُ
السَّماواتِ
ويَداكِ الرّاعِشَتانِ فوقَ الصّورِ
العتيقِ
ضَرَّجَتْ خِلْسَةَ الأَبْواقِ
كَما
أَرَقِ المُمْعِنِ في نَهْدِ
النَّهارِ

وحُلْمِةِ الليلِ

14

يَلْطُمُكِ
المَوجُ وَقْتَ رُقادِهِ الضَّليلِ
فَتَنوضُ
فيكِ
نَزواتُ المُشتَهى
نداءَ
قطاةٍ عَطْشى تَفْتَحُ
عَيْنيه
شُبَّاكَينِ لأسرابِ النَوارِسِ
اللواتي
خلَّفْنَ رَفيفَ أجْنِحَتِهُنَّ
ظِلالاً
على أرائكِ الزُّرْقَة
ونُثارِ حطامِ مَرايا
لِقُبَّرَةٍ
في عشوشها لا تَنام

•

أَلستَ أنتَ الموت؟

1

يا هَولِكَ

يُها الضِّليلُ

مُذْ

رأَيْتُكَ في الخَلاءِ وحيداً

أَحْصَيْتُ

أَصَابِعي الذابِلاتِ يُها الحاذِقُ

الجليلُ

ذاكَ مِعطَفي خَلَعتُهُ على الآباءِ

وانْتَحَلتُ

صِفاتِ الريح

كي أطرُقَ بَوابَةَ الغَيهَب من شباكِ المغيبِ

كُنْ أليفاً

لا تصطَخِبْ أيها الموتُ إنها نُبوءَةُ

البُزوغِ

وقْعُها صَوتُ عَويلِ القِلاعِ حَيثُ الخَيلُ
بِجُنحِها
تَدُكُّ حُصونَ الأيكةِ
الغَنَّاءِ
ولا من مستقرها
تَطيرُ

2

هو بُزوغُكَ
مِنْ سدرةِ الغامِضِ ورايةِ الغموضِ
وأنتَ
يُّها الموتُ ميراثُ
الدَويِّ
وإرثُ الغَريبةِ يُّها الجَليلُ
خَلفَ السياج
تَتَسلقُ الأضواءُ فُجورَ
الظُلمَةِ
وأنتَ الغريبُ
ونداء المكلوم على الكليمِ
وها أنا
أقِدُ الخَفيَّ ناراً

من مراحِ القلبِ إلى مراحِهِ
عند الغَديرِ
أنتَظِرُ العائِدينَ عِندَ «زَقورَةِ أُور»
حَيثُ
جَنائِنُ الأنينِ فَوقَ الذُرى
مَحْفوفَةً
بِفُهودِ المَكيدَةِ وذِئَابِ الصَولجانِ
العتيقِ

3

عَدَمٌ ما سَيأتي
عَدَمٌ
ما كانَ بين الترائبِ والحجرِ الكريمِ
وأنا
الهاربُ من هَباءِ المُدنِ
المُستَباحَةِ
إلى مَفارِقِ اليَقْطينِ اللدِنِ
بينَ الأخاديدِ
أتسكَّعُ
يُها
الشاهِقُ كَمِسَلَّةٍ تَطعَنُ خاصِرَةَ

السَّماواتِ
ألستَ
أنتَ الموتُ...؟
لا بدَّ سَأسْتَدرِجَنَّكَ مِثلَ
صوفيٍّ
إلى ثَرثَراتِ الغَيم
حين نحوَ السَّماواتِ نصعَدُ
أُسامِرُكَ
إلى جوارِ مائِدةٍ من سَراب
البَحرِ
سَنَعُدُّها معاً
لَمَراكِبَ الصيدِ وقوارِبَ المَوتِ
حين في العُباب
تَمخَرُ

4

ألستَ
الموتَ أنتَ...؟
أيُها القَنّاصُ أمهِلني قَليلاً
كي
أُشعِلَ الضوءَ للفَراشاتِ حينَ

في حرائقها
تنتحرُ
كُلُّ
المواعيدِ ماجناتٌ
حينَ تَنثُرُ العَويلَ بِصَوتِكَ الرَخيمِ
يُها
الموتُ الجليلُ وقتما على المكاليمِ
تنتحبُ
أَنْ تَأْتي
أو لا تَأْتي
لِتأتي إذاً
كما البارودِ
يَغْرَقُ حائراً في أُنوفِ
المَقْتَلَةِ
على الطُرُقاتِ
وفوقَ أرصفةِ العائدين من البحرِ
قتلاكَ يا الله
لا تَعبُرُ
وحيداً أيها المَوتُ
شُبّاكُ
العُواءِ العَذبِ أنتَ

وأنا

كَما طائرِ الوَرْوَرِ

مَكسورُ الجَناح

أتّلو على الشَجَرِ الأَليفِ

صَبَواتِ الحَجَرِ

وأَجُرُّ

مِنْ خَلْفي دَعواتِ قِلبي

لينامَ

في سُرادِقِه النُّعاس

وهو

الغافلُ والغَّفولُ

5

هي

المَحاراتُ التي أطْبَقَتْ

أهْدابَها

على مَديح الحُلُمِ

ونامت كما اليقظانِ على الحجر

الكريمِ

سَوسَناتِ السَديمِ اللواتي

يُضِئْنَ

دَمي بِقِصْديرِ الظَهيرَةِ

وصَرْخَةِ

المُجونِ على حافةِ

الشَهَواتِ

وأنا

الذي أترُكُها على لِسانِ الطَيرِ

أحاجي

مَحفوفَةً بِخِفَةِ المُهَرِجِ

ونَوّاسٍ

الأبَدِ الضَّليلِ

ذا النابتِ

كما مسلةٍ فوقَ السُهوبُ

يَسْتَدرِجُ

الظِّباءَ والأيلَ

الشَّرودِ

6

هي الخَيلِ

تَسْتأتي صَهيلَ حلاقينها من رَشاقةِ

المَرْئي

ودوامةِ عجلَ رحى البازلت

حينَ
يسحَنُ سنبلَ القموحِ
وأنتَ
أَيها المَوتُ الضّليلُ
تُفّاحةٌ
الأوَّلينَ فيما تَيَسَّرَ مِنْ قِصارِ
السُّورِ
فوق جبينِ الحيرة القابضة على جمرِ
اليقينِ
تُخومُ الصَّخَبِ المبينِ على الشُّرُفاتِ
أنتَ
يُها المَوتُ
كَما الذِئْبَةِ تُنادي مِنْ
خَلْفِها
جِراءَ الذِئبِ الجريحِ

7

في
مَهَبَّ تَرائِبِنا
تستيقظُ ريحُ البراري
وبينَ أَكفها

عَتَلَ
أَرْسانِ الآفاقِ المشدودةِ حبالها
شَدَّ
الوثاقِ على الوِثاقِ
تُساوِرْنَ
مضغةَ الصَّلْصالَ التي
بَينَ
النَهْرينِ تبدَّتْ شموسها
وَبَينَ
أثْداءِ الحَربِ تناهبتها حِرابُ
الجندُ
فوقَ رايةِ المقاصلِ
عَرْشُكَ
المَثْلومُ دحرجةُ قدمِ الضِّليل
فوقَ
قدمِ الضّالِ صاعداً أعالي الهاويَةِ
وأنتَ
النَجمُ المُحاربُ
يُها
الموتُ الجَليلُ
فَوْقَ سُرَتِكَ الرَمْليَةِ

احتَشَدَتْ
نِبالُ الحيرةِ برؤوسِها المُستَدِقةِ على
الأسوارِ

8

وأنتَ
يُّها الموتُ الجليلُ تَصرُخَنَّ
مُنْشِداً
يا لَبوناتِ الأيْكَةِ أحْضِرْنَ
الأيَّلَ
مِنْ قُرونِهِ المُشرئبةِ
واسْتَدرِجْنَ
عَراءَ الظِباءِ إلى
مَتاه المَقْتَلَةِ حشدِ النسوةِ
المكلومَاتِ
أيْنَ
تَأخُذُنا يُّها الموتُ
يا سَيّافَ
نُثارِ شَقائقِ النُعْمانِ على الطرقاتِ
يُّها
المَوتُ الجليلُ

أيْنَ...؟
ولقد أجْفَلَتْنا يَراعاتُكَ فوقَ
الثُغورِ
وبنَ طيِّ السَّماواتِ النائحاتِ
كُنْ
صامِتاً حينَ تأخُذُنا إليكَ مُكَبَّلينَ
بأصْفادِ النَزيفِ
يُجرُّ قتلانا نحو الرُجومِ قتلانا
ولا ندري
منْ المقتولُ ومنْ القتيلُ
وَكُنْ
صاخِباً حينَ تُعيدُنا إلى سُرادِقاتِ
الأزلِ
حَيثُ امْتِحانُ المَشيئاتِ
وصَوتُ
أنينِنا المَمْهورِ بِبَرْزَخِ الحِناءِ ونداءِ عَويلِ
القافِلةِ
الذي يتَسكَّع مزهواً بينَ الرمضاءِ
والرمضاءِ

9

أَينَ تأخُذُنا

يُّها الموتُ

يا سيّافَ الجُلَّنارِ

يُّها

المَوتُ الجَليلُ

فِردوسُكَ المَنهوبُ وفَرائِسُكَ

الباسِقاتُ

في أتونِ الدَهرِ

مَحْفوفَةً

بقلائِدِ الكَهْرَمانِ ومَفازَةِ النُّعاسِ

أَيْنَ

تأخُذُنا

يا سيّافَ الورد

يُّها المَوتُ الجَليلُ

هي الأراضِينُ

مِهرَجانُ دَمِنا على عَتَباتِ الضُّحى

مَفاتيحُ

العَراءِ أَسْماءُ أَسْلافِنا

على سُهوبِ الدَّمِ الوَضّاءِ

لَحَدُنا

صُراخنا تَحتَ أحجارِ الروح

حَيثُ

النَخلةُ الخَنوعُ ونُمورُكَ

المَخْفورَةُ

بِظُنونِ الوَسَنِ ومَكائِدِ الريح

العَصيفةِ

بين السَّعافِ اصطفاقها ينادي على

الرُطَبِ

10

أصابِعُكَ

النابِتاتُ على الضِفافِ

مِعْراجُنا

إلى هامَةِ عَصْفِ الكَمائِنِ حَيثُ

الصَلصالُ

نَفيرُ الصُّورِ وأقفالُ الهاويةِ

نَهاراتُكَ

يُها المَوتُ

مَطويةٌ طَيَّ المِحنةِ

في جُيوبِ الليلِ المَذْعورِ من

هولٌ

غافِيَةِ المراحِ
فوقَ
المتراسِ تَزْدَحِمُ الحكايا على ثدي أمها
الليلِ
يُها الموتُ الجليلُ
خُذنا نحو غُيومُكَ الضّالات
عِنْدَ مَتاهَةِ القُدّوسِ
حيث
مقامُ الموتِ صرح نبي
بلا صحافٍ
ولا ملائكٍ تسلحُ على السوارِ

11

أَسْرَفتَ
في الْمَوتِ أيُّها المَوتُ
وَيْحَكِ
قَضَمْتَ يَدي
لا تَبْتَعِض مني يَداً أو قَدَماً
دَعْني وَحيداً
أرى
قَهْقَهَةَ الكَواكِبِ الضّالاتِ

لُمعاً
وأُنصِتُ صاغياً إلى هَمْسَ بَرزَخِ
الدُهورِ
على شُرُفاتِ مَعارِج
الوَيلِ
والدَّوي وأَزِّ الرصاصِ
هبْنا
أيُها المَوتُ
أقواسَ قُزَحِكَ الحانياتِ من البُروجِ على
البُروج
وامْنَحْنا رُعودَ يَواقيتِ وَمْضِ المَشيئةِ
وَدُخانَ
المَعصِيةِ الفَيْحاء
ونأمَ هُراءَ الفَجرِ الحاملِ لليله
الموارب
حَيثُ الشَفَقُ جُثَّةٌ
بارِدَةٌ
ورَمادٌ بِلا جِمارِ ولا مواقد
فيها تُستعرُ
النارُ

12

أَلَمْ أَقُلْ لكَ

أَسرَفْتَ

في المَوتِ أيُّها المَوتُ

نَديدُكَ

وَليمَةُ البكّاءُ المُستَباح بَين جِنانِ التوتِ

وفِردوسٍ

يُحاضير قَلبي الكُمَّثرى

ها أنتَ

تَسْتَدرِجُ طائرَ الهَزارِ إلى دَمِ القَرابينِ

وظِلالِ بَهائِمِ النُّورِ وفَزاعَةُ الضُّحى

وعسعسِ الليلِ

أنتَ

لا سِواكَ

أيُّها الجَليلُ يُها المَوتُ

خُيولُكَ

العادياتُ كَوعولِ الغَيمِ

نِداءُ

القطيعةِ في المَرايا المُهَشَّماتِ

تَدابيرُ

صَلَفِ الصامِتينَ على أطرافِ

سُهوبٍ

المِحْنَةِ الرَقْطاءِ

أَسرَفْتَ في المَوتِ أيُها

المَوتُ

13

يا حَرّاثَ الزُرقَةِ

أنتَ

بِقَيافَةِ المُتواري عِندَ مَفارِقِ دَمِنا

البَواحِ

عَويلُكَ سُفودُ بَيارِقٍ ما بينَ النَهَرَينِ

أو ما بينَ اللَيْلَينِ

مُذْ

كانَتِ الغَيبَةُ خَيبَةَ الهارِبينَ

بِالصَرخَةِ الأولى

إلى نَجمَةِ التِّيهِ مقبرةً خلفَ مقبرةٍ

قوامها

الموتى على الدَّروبِ

14

أَسْرَفْتَ

في المَوتِ أَيُها المَوتُ

هي الحَربُ

نَميمَةُ الخَيالِ وثَأْثَأَةُ المُبَشِّرينَ

بِصحائِفِ

اليَأسِ العادِلِ على أَتِّمِّهِ

تَدابيرُكَ

أَيُها المَوتُ

تُرَّهاتُ نِداءِ القَطا المَيمونَ

وما

بينَ البَينِ والبَينِ

نُواحُ الثكالى

وعَسْعَسَةُ القتيلِ والمَقْتَلَةِ

15

أَلَمْ أَقُلْ لَكَ

أَسْرَفْتَ

في المَوتِ أَيُها المَوتُ

قُلْ

يا يَقينَ الصَلصالِ

أنتَ
أيها المَوتُ
غافٍ يُها الوَلهانُ
أنتَ
على أَسِرَةِ الصُّبح ووسائِدِ الغَيبِ
مَقاديرُكَ
الراهياتُ والحِسبَةُ الرَعناءُ
سُطورُ
قَراطيسٍ غُلمانِ الزَبَدِ
وثُغورِ
مَفاتيح المَعصِيةِ
يُدَحرِجُ البَرقُ أشْتاتي يُها المَوتُ
نَهْباً
هو الرَعدُ يهدر حاملاً جناحين من
البروقِ

16

ألَمْ أقُلْ لكَ ..
أسْرَفْتَ
في المَوتِ أيُها المَوتُ..
نِصالُكَ الشَبِقَةُ

أوْلَمَتْني لِعُقْبانِ فَزّاعَةِ الجَحيمِ
وئيداً
وئيداً
تُطاوِعُني بَراري المُدُنِ الخَرِبَةِ
في مَتاهها الضَّليلِ وأضاحيها الأنينِ
قُرْمُطيٌّ
أنا
أسْتَوقِدُ ناري
مِنْ زَعفرانِ صَرخَتي
وأدعو
الريحَ كَي تَعصِفَ بِمِرجانِ
الدَمِ
نزيفاً على حجرِ الياقوتِ
مَديحي
مَديحُ الشَّجَرِ لغصونه
في حَضرَةِ أُمِهِ
النَخلِ

17

اِبكِيْنَ
بِعُيونِكُنَّ القَزَحيةِ

مَحامِلَ الدَمع
واهْرُقْنَ بَقايا نِداءِ الثَكالى
مُنادِياتٍ
دَمُنا يا اللهُ
سِلالُ المِحنةِ المُعلَّقاتِ على شُباكِ أنينِنا
المُطَّهِرِ
بِجَلالةِ العَصفِ
هُناكَ على سِياجِ أيكَةِ النَبيينَ
والملائكِ
تَمُدُّ أشْجارُ القُبَلِ غُصونَ تُفّاحِها
جَمرَةً
إثَر
جَمرَةٍ
قُبالةَ المَوتِ لا أكثَرَ ها نحنُ
نَستَدرِجُ
شُبُهاتِ شَقائقِ الوَردِ صَوبَ يَقينِنا
اللاذِعِ
حَيثُ
حَوانيتُ الحِصارِ على أتَمِّهِ
وأرائكُ
الجُرحِ وعباءاتُ المِقْصَلَةِ

18

أوْشاقُكَ

المَسعورَةُ أيُها المَوتُ

رُسومُ

الحَجَلِ الأَليفِ

ووسُومُ الصَّورِ في كُهوفِ

الدُّهورِ

ثرثَرَةُ حَنينٍ وغافيةٍ

تقرأ

آية الفتحِ على سورةِ النمل في منازله

الحصيناتِ

ألَمَ أقُلْ لكَ ..

أسَرَفْتَ في المَوتِ

يا وَريثَ الفَناءِ

على أدْراجِ رُخامِكَ المَصقولِ

نَديدُ

أنينِنا الوَلْهانِ بصَحائفِ

الحَيرَةِ

وَولايةِ الدَّم العُرجونِ نداءاتٍ

مِهرجانُها

جوقةُ الثَعالبِ العَرجاءِ

وجِراءُ
الذِئابِ الفُرادى
بينَ آياتِ الخنادِقِ الظَليلَةِ والرّاياتِ
سُبحانَ
النَحيبِ باسِقاً كَشَجَرِ اللوزِ
على مُنحَدراتِ الروح
يَجُزُّ
الراحلينَ من جُلَّنارِ قُلوبِنا
إليكَ أيُها المَوتُ
أَلَمَ أقُلْ لكَ ..
أَسرَفْتَ في المَوتِ
أيُها المَوتُ

.

غَيرُ رَصاصَتينِ وقُبَّرة

لَيسَ
بَيني وبينَكِ
غَيرُ فَرسَخينِ وقُبَّرة
أتلَمَّسُ
الكَمائِنَ تَحتَ الظلالِ
وأنثُرُ
النِسرينَ على المَدى
المَذبوح
حَيثُ النُبوءاتُ
لُهاثُ
ريشٍ في الأجنِحَة الخَّفوقاتِ

***

لا ريحَ
تُجاهِرُ بي وأنا المَلْعونُ على
حافَةِ

ميعادِ العَصْفِ والسُّنْبُلة

أفْتَتِحُ

النَشيدَ قَمراً مِنْ غُضارٍ

لَبونٍ

ويَداي تَلْتَقِطانِ ذُيولَ

المَدى مِنْ ذؤاباتِ

عُذريَة

الرَملِ الفصيح على صدرِ أمِهِ الطّينِ

يتَسَكَّعُ

❋❋❋

قلبي

يَسْتَطيرُ

كَفُؤادِ عاشِقٍ أضْرَمَتْهُ العَنادِلُ

حَنيناً

وَعَقَدَتْ عُروَتَه الوثْقى لَمَشيئَةِ

الحَيَرانِ

لَيسَ بيني وبينَكِ

غَيْرُ

رَصاصَتينِ وقُبَّرةٍ

أيُّ المَراكِبِ

تأخُذُني وأنتِ نَحو الفَسيحِ
مِنْ قلبي
إلى قَلبي المُرَصَّع بالرَصاصِ
وقُنبُلة

***

ليسَ بيني وبينكِ
غَيرُ
غَيمتينِ وقُبَّرة
كالقابِضِ
بِالكَفَّينِ على وحْشَتي
أرَقْتُ
دَمي مِلْحاً وفي الفِناءِ
القُدّوسِ
افتَرَشْتُ سَرابَ حَيرَتي
وكُثبانَ رَملي
وصَحْرائي
التي أوْلَمَتْني لِظَهيرَةِ
الحَرْبِ
وليسَ بيني وبينكِ
غَيرُ

غَيمتينِ وقُبَّرة

***

هو ذا
أنا
مَديحُ فَراشَةٍ آثَرَتْ مَحارِقَ
الضوءِ
تَتَجاذَبُني الجِهاتُ
كَأنْ لَمْ أكُنْ
بِكَمائني
ضَريرَ حَيرَةٍ يَحرسني
شُبَّاكَ
تُفَّاحَةِ النِسيانِ في الجَلْجَلة
ليسَ بيني وبينكِ
غَيْرُ
غَيمتينِ وقُبَّرة

***

هِبوني للنَهرِ
لا بَلْ
للبَحْرِ
سَأحْتَفي بِجَرْأتي وأنثُرُ ما تَبَقى

مني
على ظهور سنجابِ اللهِ
الرشيقاتِ
مثقلاً بِالينابيع أُضيءُ الحَجَرَ في
قَلْبي
عَلِّي أراهُ أو يَراني
ويحكِ
ليسَ بيني وبينكِ
غَيْرُ
غَيمتينِ وقُبَّرة

❋❋❋

أولَمتني
أصابِعُكِ المُخَضَّباتُ بالرَعْدِ
الرَحيمِ
قُرْباناً لِصَحائِفِ العِرفانِ
وفاكِهَةِ
الغَيبِ وسُنْبُلَةٍ
تاهتْ
مشاردها عن الحقلِ
لَيسَ

بَيني وبَينكِ
غَيرُ خَطّافينِ وقُبَّرة

***

هو ذا القَلبُ
قَلبيَ
أقْفالُه المَيْمونات دِرعُ وَحشَةِ
الخُلجانِ
وسِربُ فَراشاتٍ
ضَلَّت دُروبَ النّورِ نحو
المَقتَلَة
ليسَ بيني
وبينكِ غَيْرُ غائِبينِ وقُبَّرة
خَطْوُ الليلِ
يقتاتُ قُبلَةَ المَذبوح
وغِناءُ
المُهرِّج في فِناءِ الدارِ
نَعيقُ بومٍ المحنةِ التي جَناحاتُها
مُرَقَّشَة
ليسَ بيني وبينكِ
غَيْرُ قُبلَتينِ

وقُبَّرة

***

مَنْ تُرى
يقتلُني بينَ كَوكَباتِ
السَّروِ
ذاتَ صَباحاتِ النَّدى
ويَمنَحُني
هُبوبَ الريحِ ووعولَ
العاصِفة
مَنْ تُرى..
يَصلُبُ ظِلِّي في عَراءِ الدَّمِ المُستباحِ
على أرصِفَةِ
الدَّهرِ
ويُقَسِّمُ كَبِدي بِمُدْيةِ
الضَّليلِ
وينثرها على سِياجِ الجهاتِ
والعاصِفة

***

مَنْ تُرى
يُلقِمُني مضْغَةَ الضَّوءِ

والفَسيح الفَسيحِ
مِنْ بَيّارَةِ
القُبَلِ الحانياتِ على
المَجزَرة
مَنْ تُرى..
يَتَأوَّلُ
صَلْصَالَ روحي كَعرّافِ
المِحْنَةِ
على أكتافِ هِضابِ النارِ
وسُدْرَةِ
تَدابيرِ المِقصَلة
مَنْ تُرى
يَمنَحُني
صُكوكَ أسْلافيَ الحَجَرِ
ويَسْحَنُ
قَهْقَهاتِ المَوتِ على
عَتَباتِ
أرْحاءِ المِقْبَرة

❋❋❋

مَنْ تُرى
يَقْتَاتُني

مِنْ وَحْشَتي وصَوتِ صَليلِ سُيوفِ
الغياب
ويُشْعِلُني قُبلَةً
تَسْتَغرِقُ مَواقيتَ الدَهرِ
ويَذرِفني
دَمعةً حَرّاءَ
على وجَناتِ ساحرات الشفقِ
المبينِ
مَنْ ترى..
سَيذبَحُ عَويلَ سِراجِ النّورِ
في أكُفِّ العابرينَ
على ظُهورِ أيائِلِ الهِجران
مَنْ تُرى
سَيُغلِقُ
السَماواتِ مِنْ خَلفي
ويوصِدُ
أبْوابَ البَحرِ بأقْفالِ زُرقَتِه
ويحكِ
ليسَ بيني وبينكِ
غَيرُ
غيمتينِ وقُبَّرة

مِن تَرى

***

هَلُمِّي
إلى المُنحَدَراتِ
يا رَبَةَ الصُّعودِ إلى الهاوِيَةِ
نَلْتَقِطُ
كَما الدَّوارِي
قُمُوحَ السِنينِ العابِراتِ
من جيوبِ
الريح
وَنَزْرَعُ العَصفَ حُقولاً
مِنَ المَدِّ
والمَدى
سَنوقِظُ الوعولَ ساعَةَ
النَّهْبِ
ونُداهِمُ المَرْئيَّ بِبَصيرَةِ
العُشْبِ
وعُروقِ الزَعْفَرانِ وأناملُكِ
الحانِياتُ
ليسَ بيني وبينكِ

غَيْرُ
غَيمتينِ وعناقٍ
وقُبَّرة

٭٭٭

من تُرى
يَتُها
الحَربُ
على أدراجِ الغَيبِ يَقدْنَ
سِراجَ
القلبِ برَهافةِ الحَريفِ
حَيثُ
حَراشِفُ النَخيلِ الباسِقاتِ
وسَلامُ النِسيانِ
ونَخبُكِ
السَديمُ على الرُقُمِ الطّينِ
يَكتُبُ
دَليلَ الهاوِيَة
ليسَ بيني وبينكِ
غَيْرُ
غَيمتينِ وقبلةٍ ضليلةٍ

وقُبَّرة

***

ومِنَ
المِحنةِ إلى المِحنةِ
عَويلٌ
عَرّافةٍ خانتْها بَصيرةُ الحَربِ
وعَضَّتْ
جِراءُ الفَراسةِ ثآليلَ غَيهَبِها
وهي
عاكفةٌ في سِرِّها تَنْتَحبُ
ويحكِ
ليسَ بيني وبينكِ
غَيْرُ
غَيمتينِ واشراقةُ قُبَّرة
خَطوُ الذئابِ
نَديدُ عُواءٍ جِراءِ البُرهَةِ
وفِراسةٌ
مُطلَقِ الجُرحِ عِندَ سَيافِهِ
المِلحُ المُرُّ

***

يُها
البارودُ في خَزائنِكَ النُّحاس
مُذْ
أيقَظَتْني الأيائلُ على
شفا
حُفرَةٍ مِنْ نارٍ
أبصَرتُ
كَصَيادِ الفُصولِ
وقد رَأيْتني
طائراً
يَقْتاتُني الضَّوءُ وليمَةً
على المَناكِبِ

❋❋❋

في الطريقِ
إلى العَشاءِ الأخيرِ وانْتِحارِ
النَّهُرِ
على مَذابِحِ بَرازِخِها الحَصينَةِ
فوقَ
أسِرَّةُ غُفرانِ الماءِ ومَعصيَةُ
الضِّفافِ
كَما المِلحِ في اليَمِّ

تُورِياتُ
مَكائِدِ الزَعفَران على هَسيسِ
قُبلَةٍ
من نارٍ مواقدها
جمارُ ناري

✻✻✻

إلى
جِوارِ صَمتِكِ الكَليمِ
أُنصِتُ
إلى يَعْسوبِ قَلبي حيثُ
جيادُكِ
الجَليلَةُ يتُها الحَربُ
يَقينٌ
يَسوقُ الغَمامَ إلى مَقابِضِ
الريح
ومَغازِلِ مِعراجٍ مَديحِ
الحَجَرِ
على ضفافِ غدائرِ
البرهانِ

✻✻✻

مُذْ

أيقَظَتني رَاياتُ الليلِ

أبصَرتُ

أزوالَ ضَفائرِ البَحرِ ونَشيدِ

بياضِ اللُّجَّةِ

خَفقُكِ

سَارِيةُ اليَمِّ

وَوَلَهُ القَلبِ جَناحُ فَراشةٍ

أيقَظَتْ

أيادي النَديمِ على حينِ

غِرَّةٍ

من مُستَباحِ دَمي

وأنا القتيلُ

***

كلُّ

الغَياهِبِ نازِلاتٌ من عَلٍ

فاغِراتُ

الفمِ في سُهوبِ الهَباءِ الثَمِلِ

لا مَوازينَ

للألَمِ بينَ مُحَيّا الحَرفِ

وثُغاءٍ

السَطّرِ الكَليم
في جُيوبِ السَماواتِ
مَنيعَةٌ
أنتِ يَتُها الحَربُ
تُرهاتٌ
يَقاطينِكِ الحُبلى بِلُهاثِ
المَهجورِ
على أرصِفَةِ الأنينِ ويُخاضيرِ
الدفلى

***

سَيوقِظُ
العَصَفُ فيَلةَ الريحِ وتنبتُ
مُديَةٌ
الله شجراً في الأرضِ
كَهَرَمانُكِ
العادِلُ ميزانُ مَشيئَةِ الوَمضِ
يُها الحَيرانَةُ
بَينَ رَعشَةِ صَفصافَةِ الغَديرِ
وقَلبي
أمَنيعَةٌ أنتِ يَتُها الحَربُ؟

خُذوا

آذانَ مَزاميرِنا

وطُبولَ الرَّعدِ في صُدورِنا

وانْثُروا

البَرقَ على الطُرُقاتِ

نَهْباً

خَلفَ نَهبٍ

هَذي البِلادُ في نَفيرِها

الأولِ

والآخِرِ

ذاكَ الذي يَرى

ما لا يُرى

بعينِ البصيرةِ وليسَ

بالعينِ

ويحَكِ

ليسَ بيني وبينكِ يَتُها البلادُ

غَيْرُ

غَيمتينِ وقُبَّرة

●

الفهرس